영국 장식미술 기행

이 서적 내에 사용된 일부 작품은 SACK를 통해 ADAGP와 저작권 계약을 맺은 것입니다. 저작권법에 의하여 한국 내에서 보호를 받는 저작물이므로 무단 전재 및 복제를 금합니다.

영국 장식미술 기행

처음 펴낸 날 | 2013년 4월 15일

글 | 최지혜
사진 | 손성덕, SACK, The National Trust

책임편집 | 조인숙

펴낸이 | 홍현숙
주간 | 조인숙
편집부장 | 박지웅
편집 | 무하유
마케팅 | 한광영

펴낸곳 | 도서출판 호미
등록 | 1997년 6월 13일 (제1-1454호)
주소 | 서울시 마포구 연남동 239-44번지 1층
편집 | 02-332-5084, 영업 | 02-322-1845, 팩스 | 02-322-1846
전자우편 | homipub@hanmail.net

표지 디자인 | (주)끄레 어소시에이츠
출력 | 문형사
인쇄 | 영프린팅
제본 | 성문제책

ISBN 978-89-97322-10-7 03630
값 | 17,000원

ⓒ최지혜, 2013

(호미) 생명을 섬깁니다. 마음밭을 일굽니다.

영국 장식미술 기행

최지혜 지음

초미

책을 내면서
장식미술을 찾아서 길을 나서다

순수미술과 장식미술 그 모호한 경계 너머

미술사에서 회화와 조각은 '순수미술'로 묶어 시대와 사조뿐만 아니라 예술가 개개인의 작품 세계까지 다양한 각도에서 조명하며 대접해 왔다. 서점의 '미술사' 서가에서도 회화를 다룬 책들은 위풍당당하게 안방을 차지하고 있는데, 가구를 위시하여 도자기, 은 공예품, 유리 공예품 따위는 '응용미술' 또는 '장식미술'이라거나 '공예'라고 불리며 아직까지도 뒷방 신세를 면하지 못하고 있다.

르네상스 시대에는 조각가가 가구도 만들고 실내 장식도 맡았으며, 화가들이 태피스트리의 밑그림을 그리거나 도자기 장식을 하는 일이 많았다. 따라서 순수니 응용이니 하는 따위의 구분이 뚜렷하지 않았다. 그러나 18세기에 이르러 프랑스어 '보자르beaux art'를 영어로 옮긴 '파인 아트fine art(순수미술)'라는 용어가 영국 옥스퍼드 사전에 등재된 뒤로 이 말은 회화와 조각을 일컫는 말로 굳어졌다. 한편, 프랑스에서는 1795년에 아예 회화와 조각 분야를 주축으로 한 '미술 아카데미'를 설립하면서 이른바 순수미술이 아닌 나머지 분야는 미술사에서 자연스레 소외되기 시작하였다. 게다가 19세기 산업혁명으로 인해 질이 떨어지는 공예품들이 생겨나자 미술사 학자들이 순수미술과 비순수미술과의 선을 분명히 긋기에 이르렀다.

"순수와 장식의 차이가 무엇인가?" 이 '애매한' 선 긋기를 확실하게 정하는 것이 가능할까마는, 굳이 그것을 나눈다면, 가장 중요한 잣대는 '아름다움(美)' 외에 '쓰임'이 있는가 하는 점이다. 다시 말해, 아름다움 그 자체의 자율성, 미적 가치의 산출이 목적이면 순수미술이고, 쓰임이라는 효용 가치가 목적이면 장식미술이라고 나눌 수 있겠다. 그러나 이것으로 모든 것이 두부모 자르듯 깔끔하게 정리되는 것은 아니다. 이를테면, 처음부터 감상하기 위해서 만든 도기 접시는 순수미술품인가 아니면 장식미술품인가 하는 의문이 남는다. 본디 목적으로 보면 순수미술품인데 실생활에서 쓰일 수도 있는 그릇이니 말이다.

이런 학문적인 분류가 무슨 의미가 있냐고 반박할 사람도 있겠지만, 문제는 앞에서도 말했듯이 이른바 순수미술 축에 들지 못한 나머지 미술품은 미술사에서 늘 찬밥 대접을 받아 왔다는 점이다. 사실 공예에도 회화나 조각 못지않게 작가의 세계와 시대적 사조가 투영되어 있건만, 그것을 만든 이들은 예술가로 분류되기보다는 이름 없는 수공업자나 장인으로 미술사의 뒤란에 묻혀 온 것이 현실이다.

그런 까닭에, 마치 옛 사진첩을 한번 들추어 보듯, 이 책을 통해 억울하게 잊혀진 그들을 돌이켜보고 싶었다. 미술사라는 국밥에서 비록 건더기는 순수미술의 차지가 될지언정, 공예라는 국물을 빼놓고서 어찌 국밥을 제대로 즐길 수 있을 것인가. 미술사의 제맛을 느끼려면 순수미술과 장식미술품을 함께 맛보아야 한다고 생각한다. 국밥이 밥과 건더기를 국물에 함께 말아 먹어야 제맛인 것처럼 말이다. 이 책을 쓰게 된 뜻이 그러하기에, 책을 내면서 독자들께 권한다. "저하고 미술사 한 뚝배기 하실래예."

장식미술은 일상생활이다

여행이라는 틀 속에 장식미술사를 끼워 넣어 보자는 생각은 오래 전부터 품어 왔지만 가정과 직장에 매인 몸이라서 쉽게 실행하지 못하였다. 그러던 중 나의 그랜드 투어Grand Tour는 생각보다 빨리 현실로 다가왔다. 어느 날 가까운 지인들에게 책의 주제에 대해서 설명하고 일정이며 사진에 대한 이런저런 고민을 털어놓았다. 그러자 사진에 일가견이 있는 손성덕 선배님이 함께하자며 적극적으로 나섰고 우리는 단박에 의기가 투합되었다. 그리하여 회사에서 한 달이라는 긴 휴가를 얻기로 하고 나서, 구체적인 일정과 계획을 잡느라고 마치 거사를 앞둔 혁명 전사마냥 몇 차례 은밀한 접촉을 가졌다. 시간은 쏜살같이 흘러 마침내 출발 날짜가 코앞에 닥쳤다. 그때까지도 방대한 장식미술사에서 어떤 분야를 책에 담을지 뚜렷이 정하지도 못한 채 갈팡질팡하던 덜 떨어진 필자와, 사진기까지 새로 장만한 '준비된' 아마추어 사진사의 무모한 영국 여행은 그렇게 시작되었다.

이번 여행의 동반자 손 선배님은 여행 첫날부터 새벽 4시 반이면 자리를 털고 나갈 채비를 했다. 여행지에서 한 푼의 시간도 허비하지 않으려는 태세였다. 그런 한편, 옷매무새에도 세심하게 신경을 썼다. 간편한 여행복 차림이지만 바지와 재킷뿐만 아니라 가방과 구두까지 말쑥하게 조화시키고, 심지어는 머리 묶는 슈슈도 서른 개 가까이 가져와 그날그날 옷차림에 맞추어 선택하곤 했다. 선배님의 이런 섬세한 감각은 보는 이를 즐겁게 해 주었다. 덕분에 선배님의 여행 가방은 일반 사람보다 부피가 훨씬 컸다. 여행할 때 짐을 줄이려고 필사적으로 노력하는 보통의 여행자들과 달리, 옷차림의 즐거움도 여행의 한 부분으로 받아들여 불편함을 감수하는 것이 신선하게 느껴졌다. 일상생활에서 보여주는 선배님의 그러한 완벽주의에서 장식미술의 혼을 느꼈다.

손 선배님은 오랫동안 나한테서 앤티크 수업을 들은 학생이지만 나이는 나보다 스무 살이나 더 많은 인생의 대선배이다. 그는 여행 내내 참으로 부지런하고 열정적이었다. 나는 그보다 체력도 떨어지고 느슨한 축인 데다, 올빼미 과여서 하루의 시작이 늘 늦었다. 그런 내가 무척 답답했을 텐데도, 선배님은 언제나 나를 깍듯이 '선생님'이라고 부르며 자잘한 설명에도 귀 기울여 주는 살뜰한 학생이었다. 나이로 서열이 매겨지는 우리 문화에서는 이례적인 일이었다. '선배님'과 '선생님'으로 짝지은 우리는 '프렌즈friends'면 다 통하는 영국식 관계 틀 속에서 자연스레 '환상의 커플'이 되었다.

18세기 영국 장식미술을 구석구석 탐식하다

이번 여행 목적지로 영국을 택한 것은 일 때문에 내가 영국을 '풀 방구리에 쥐 드나들 듯' 해 왔기에 가장 잘 알고, 앤티크의 성지인 영국이 순례의 출발점이 되는 것이 마땅하다는 판단에서였다. 한 달이라는 정해진 시간 안에 영국의 장식미술사를 짬지게 살피려니, 여러 지역을 주마간산으로 다니기보다는 런던과 런던 외곽에 집중하기로 했다. 대영제국 시절부터 산업과 상업과 정치의 중심지였던 수도 런던은 영국과 유럽을 대표하는 장식미술의 보고이기도 해서였다.

우리는 맨 먼저 18세기 영국의 장식미술을 둘러보기에 최적이다 싶은 장소를 세심하게 골랐다. 또 알랭 드 보통이 「여행의 기술」에서 말한 '여행은 생각의 산파'라는 금언에 따라, 조용한 가운데 자기만의 생각에 젖기에 좋은 곳도 더러 넣었다. 그렇게 고른 장소들은 대부분 그곳에 뿌리 내리고 사는 지역 주민들이 복작거리는 관광지를 피해 주로 찾는 곳으로, 그야말로 숨어 있는 보석 같은 곳들이다. 우리는 무엇보다도 열린 자세로 그 지역의 공기와 사람들 속에 느긋하고도 자연스럽게 섞이고자 했다.

우리가 다닌 곳은 대부분 '내셔널 트러스트The National Trust(문화재 보호협회)'가 관리하는 오래된 저택들로, 방문 날짜를 잡고 사진 촬영 허락을 받기 위해서 사전 접촉이 필요했다. 문을 여는 요일이 저마다 달라서 일정을 조정하는 것이 수월하지는 않지만, 그래도 한 달 동안 서른 곳 가까이 소화했다.

결과적으로 빡빡한 일정 속의 강행군이 되었는데, 그렇게 다닌 서른 곳 가운데에서 런던 시내의 일곱 곳, 교외의 일곱 곳을 가려 뽑아 책에 실었다. 대부분 내가 1990년대에 영국 소더비에서 공부할 무렵 자주 찾던 곳이지만, 런던 시외에 있는 몇몇 저택처럼 이번에 처음 가 본 곳도 더러 있다.

찾아간 곳마다 나이 많은 자원봉사자들이 친절하게 안내하고 설명해 주었다. 이들은 내셔널 트러스트를 빛내는 또 다른 보물이지 싶었다. 이곳들에서 작품을 얼마나 세심하게 관리하고 보존하며 또 그것을 얼마나 잘 활용하는지를 보면서 문화 선진국의 역량을 엿보았다. 무엇보다도 영국은 옛 사람들이 남긴 많은 것을 한결같이 소중하게 지키고, 때로 문화 예술품을 복원하기 위해서 과감한 투자를 아끼지 않는다는 사실이 여간 부럽지 않았다.

이번 여행에서 우리는 18세기 유럽의 장식미술을 즐겁게 탐식했다. 일정이 빡빡했던 만큼 소득은 알차고 짬졌다. 그 성과를 내 나름으로는 최선을 다해 고르고 정리하여 이 책에 담으려고 애썼다. 부디 이 책이 18세기 그랜드 투어로 이끄는 길잡이가 되기를 바란다. 그리고 독자들이 장식미술에 대한 새로운 발견이라는 즐거움을 맛볼 수 있으면 좋겠다.

출장이나 명절 따위의 크고 작은 징검다리를 밟다 보니 어느새 일 년이라는 강을 훌쩍 건넜다. 지난해처럼 군데군데 큰 돌이 깔려 있을 때에는, 작은 자갈들을 종종거리며 건너던 여느 해보다 시간이 더 빠르게 느껴진다. 큰 걸음으로 발길을 옮긴 넓적한 돌 가운데에 이 책도 물론 들어 있다. 내가 디디고 건넌 돌이기도 하지만 마음에 얹힌 돌이기도 하였다. 이제 돌이켜보니 건넜다는 뿌듯함과 들어냈다는 홀가분함이 교차한다.

영국을 그토록 뻔질나게 드나들면서도 느긋하게 여행다운 여행을 하지를 못했는데 책을 핑계 삼아 떠난 손성덕 선배님과의 여정으로 그 포한이 풀렸으니 평생 두고두고 잊지 못할 것이다. 고마운 마음을 어떻게 전해야 할지, 내 표현은 늘 부족하기만 하다. 손 선배님을 포함하여 언제나 내 강의를 진지하게 들어주시는 가인회 회원들에게 이 책을, 따끈한 인쇄 열기가 가시기 전에, 맨 먼저 전하고 싶다.

허둥지둥 건너느라 돌부리에 걸리기도 하는 내 삶의 강가에 자리잡은 너럭바위 같은 남편, 반들반들 차돌 같은 아들 정빈이 있어 속도를 늦추고 시원한 강바람을 쐴 수 있다. 늘 곁에서 잔일을 마다 않는 민, 스트라드 식구들, 그리고 사진과 글을 이리저리 마름질하시느라 애쓰신 도서출판 호미의 조인숙 주간님, 모두 인생의 강기슭에서 반짝반짝 빛나는 보석 같은 돌이다. 나는 이들이 있어 졸졸 흐를 수 있다. 비가 내려도 흙탕물이 되지 않도록 막아주는 정녕 고마운 존재들이다.

2013년 봄의 길목에서
최지혜

차례

런던 시내

400년 중산층의 삶을 한눈에 보다 _ 제프리 박물관 The Geffrye Museum   16

프랑스 장식미술품의 메카 _ 월리스 컬렉션 Wallace Collection   40

런던에서 만난 일본 국민작가 나츠메 소세키의 문학 _ 칼라일 하우스 Carlyle's House   64

아르카디아, 무릉도원을 향하여 _ 치즈윅 하우스 Chiswick House   78

자기 인형들과 한바탕 왈츠를 추다 _ 펜튼 하우스 Fenton House   94

예술가의 정신이 깃든 화가의 집 _ 레이튼 하우스 Leighton House Museum   110

모더니즘 건축의 초현실적 체험 _ 윌로우 로드 2번지 하우스 2 Willow Road   130

런던 외곽

철의 여인 베스 오브 하드윅의 유리성 _ 하드윅 홀 Hardwick Hall   150

유명 화가가 극찬한 예술의 집 _ 페트워스 하우스 Petworth House   174

17세기의 보석상자 _ 햄 하우스 Ham House   200

최고의 로코코 장식, 가버린 사람, 가버린 유행 _ 클레이든 하우스 Claydon House   226

유리잔의 합창, 솔즈베리의 트위스트가 되다 _ 몸페슨 하우스 Mompesson House   246

로버트 애덤, 신고전주의 디자인의 절정을 보여 주다 _ 오스털리 하우스 Osterley House   264

윌리엄 모리스의 예술은 길고, 인생은 짧다 _ 레드 하우스 Red House   286

런던 시내

The Geffrye Museum

제프리 박물관

400년
중산층의 삶을
한눈에 보다

주소 Kingsland Road, London E2 8EA
전화 020 7739 9893
홈페이지 www.geffrye-museum.org.uk
개관 화요일-토요일 10시-17시, 일요일과 공휴일 12시-17시
입장료 어른 2.50파운드, 어린이(16세 이하) 무료

이른 아침 런던의 동부, 리버풀 스트리트Liverpool Street 역 앞이다. 과거에 시간이 멈춘 듯한 이 거리에서도 출근 시간에 맞추어 빌딩 숲 사이로 분주히 오가는 사람들이 있다는 사실이 새삼스럽다. 남들은 일터로 출근하는 평일에 박물관을 찾아가는 우리는 분명 전생에 나라를 구했거나 그 옆에서 횃불이라도 들었나 보다고 농담을 건네며 149번 버스에 올랐다.

지도가 알려주는 대로 킹스랜드 로드Kingsland Road에 내리니 한적한 동네라서 박물관이 있을까 싶은데, 곧바로 제프리 박물관이 모습을 드러낸다. 이 박물관 건물은 본디 런던의 철물조합이 운영하던, 의지할 데 없는 노인들을 위한 사설 구빈원으로 1714년에 설립되었다. 그 뒤 1911년 런던 시의회의 관리로 넘어갔다가, 1914년에 박물관으로 문을 열었다. 제프리 박물관이라는 명칭은 구빈원 설립자이자 런던 시장을 지낸 로버트 제프리 경Sir Robert Geffrye의 이름을 따른 것이다. 구빈원으로 쓰일 때 많은 인원을 수용했을 법한 긴 건물 한가운데에 서 있는 제프리 경 동상이 방문자를 맞이한다.

제프리 박물관은 1600년 무렵부터 현대까지의 런던 중산층 가정의 전형적인 거실을 보여준다.

'중산층'이라는 말은 백과 사전에서는 '고전적인 마르크스주의 이론에 따르면, 프롤레타리아 계급에 속한다고 보기에는 사유재산을 가지고 있지만 자본가에는 끼지 못하는 계층을 의미한다'고 정의하고 있는데, 19세기 이전 영국에서는 이들을 '중간치 부류(middling sort)'라고 불렀다. 직업을 살펴보

브루스터 가족으로 추정되는 단체 초상화. 토마스 바르드웰 작, 1736년.

거실에서 차를 마시고 있는 벌리 가족. 영국 중산층의 전형적인 모습을 보여 주는 그림이다.

면 상업, 무역업, 제조업, 법조인, 회계사, 의사 들이 이에 속했다. 이들은 17세기에만 하더라도 보잘것없었으나 19세기에 영국의 인구가 늘어나고 경제가 발전함에 따라 눈에 띄게 많아졌다. 부를 단순히 세습하는 귀족층이나 자본가와는 달리, 스스로 부를 일구는 건전한 경제 인구가 늘어나는 것은 거창하게 경제학 이론을 들먹이지 않더라도 사회의 안정과 발전에 기여한 바가 컸을 것으로 짐작된다. 하지만 오늘날은, 일본 경영학자 오마에 겐이치가 제시한 대로, 중산층이 무너지고 양 꼭대기만 두드러져 마치 알파벳 엠M자와 같은 모양을 이루는 시대가 되었다. 이런 우리 시대의 중산층은 나중에 또 어떤 모습으로 비추어질까.

제프리 박물관은 건물의 긴 형태를 따라 시대별로 거실이 간결하게 꾸며져 있어서 둘러보기가 편하다. 더불어 사백 년 장식미술의 역사가 파노라마처럼 펼쳐져 생활양식의 변천사를 공부하기에 안성맞춤이다.

첫 번째 방은 1630년대 런던의 한 가정집 '홀'을 재현해 놓았다. '홀hall'은 오늘날에는 회의장, 연주회장 같은 넓은 공간을 가리키지만 17세기에는 가족이 식사를 하거나 함께 시간을 보내는 공간이자 손님을 맞는 곳이었다. 홀 한가운데에 있는 벽난로가 유일한 난방 시설이고, 벽에 참나무 판 징두리를 둘러서 외부의 찬 기운을 막았다.

'웨인스콧wainscot'이라고 부르는 징두리는 처음에는 나무 빛깔이 밝았을 테지만 아마 씨 기름(linseed oil)이나 왁스로 닦기 때문에 세월이 흐르면서 차츰 색이 짙어졌다. 1666년 런던 대화재로 이 시절의 주택은 징두리가 남아 있는 집이 거의 없다. 이 홀의 징두리는 19세기 드로잉(민화)을 바탕으로 새로 재현한 것이다. 바닥에는 골풀을 엮어 만든 자리를 깔았는데, 더러 물을 뿌려 먼지를 잠재우거나 허브를 흩뿌려 냄새를 잡는다.

홀 가운데에는 참나무 식탁과 의자들이 놓여 있다. 팔걸이가 있는 의자에는 아버지가, 스툴(등받이와 팔걸이가 없는 의자)에는 나머지 가족이 앉았을 것이

1630년대 가정의 홀. 벽에는 참나무 판으로 된 징두리를 두르고, 바닥에는 골풀 엮어 만든 자리를 깔았다. 참나무 식탁과 의자, 수납장(코트 키보드)이 보인다.

다. 스툴은 쓰지 않을 때에는 식탁 다리 사이에 걸쳐두곤 해서 다리끼리 서로 부딪쳐 닳았다. 이것은 앤티크 원본과 복제품을 구별하는 잣대가 된다.

한쪽 벽면에는 참나무 수납장이 놓여 있다. 높이가 그다지 높지 않은 수납장은 '(높이가) 낮다'는 뜻의 프랑스어 '꾸르court'가 영어로는 '코트court'가 되는 바람에 그 명칭이 '코트 커보드court cup-board'가 되었다. 그 명칭 때문에 이 키 낮은 수납장은 더러 궁정에서 쓰던 물건처럼 여겨지기도 한다. 비록 궁정에서 사용한 것은 아니지만, 일반 가정집에서 은 접시 같은 가장 아끼는 물건들을 올려두는 장식장으로 썼다.

1666년 런던 대화재 이후로 런던 주택은 크게 바뀌었다. 한 빵집에서 불이 나서 집 일만삼천 채를 태운, 그 끔찍한 사고 뒤로 런던의 집들은 목조에서 벽돌집으로 바뀌었다. 그러나 주로 1층은 가게이고, 2층과 3층은 살림집인 구조는 여전했다. 집에서 가장 큰 방인 거실은 보통 도로 쪽으로 자리 잡았다. 식당이 따로 있는 귀족의 저택과 달리, 서민은 식사도 거실에서 했다.

거실 벽에는 틀에 판을 끼우는 형태의 징두리 대신 그 무렵 발트 해 연안에서 대량으로 수입한 소나무 판을 붙였다. 벽난로는 대리석으로 장식하고, 연료는 나무보다는 석탄을 주로 땠다. 창틀을 갖춘 창이 처음으로 나타났고, 안쪽으로 나무 여닫이를 달아서 외풍을 두 겹으로 막았다. 바닥은 골풀 자리 대신에 소나무 판을 깔았다. 카펫 따위는 여전히 귀족들의 전유물이었다.

1695년 무렵의 거실. 벽과 바닥은 나무판을 깔았고, 등나무 짜임을 넣은 의자와 접이식 탁자를 사용했다. 한쪽 벽에는 호두나무 무늬목으로 마감한 책상이 놓여 있다.

1695년 무렵의 거실에서는 다리를 접어 부피를 줄일 수 있게 고안된 타원형 식탁을 볼 수 있다. 이전의, 무겁고 육중한 수도원 식탁인 리펙토리 테이블 refectory table*에 비하면 훨씬 간편해졌다. 의자의 변화도 눈에 띈다. 등받이와 앉는 부분이 등나무 줄기를 이어서 짠 것으로, 이전의 나무 판에 비해 한결 덜 딱딱하다. 이 같은 등나무 짜임 의자는 등나무 줄기를 동인도회사를 통해 인도에서 수입하면서 1670년대부터 본격적으로 제작해 널리 쓰였다. 당시 동-서 무역의 중심지였던 네덜란드에서도 같은 형태의 의자가 유행했

*리펙토리 테이블: 중세 수도원 식당에서 쓰던 긴 탁자인데, 그뒤에 귀족들의 연회를 위하여 쓰였다. 리펙토리 테이블은 원래는 가대식 버팀 다리에 상판을 얹은 형태이던 것이 16, 17세기에 이르러 육중한 기둥 모양의 다리가 있는 직사각형 식탁으로 바뀌었다.

다. 의자 틀은 비싼 것은 호두나무를 쓰고 싼 것은 너도밤나무를 썼는데, 더러 검게 칠하여 중국이나 일본의 칠기 가구를 모방하기도 했다.

벽 쪽에 놓인 책상은 호두나무 무늬목을 마감재로 덧댄 것으로, 경첩이 달린 문을 앞으로 열어 수평이 되게 하면 책상이 되는 구조다. 집안의 중요한 문서를 보관하며, 책상을 펼치고 앉아 글을 쓰거나 서류를 정리하곤 했다.

라벤더 꽃을 꽂은 델프트 도기 화병.

거울이 귀하던 당시에 중산층은 작은 거울을 벽에 걸고 썼고, 탁상시계나 키가 큰 벽시계도 거실의 주요 품목이었다. 식탁 가운데에 놓인 델프트 도기 화병에는 라벤더가 꽂혀 있다. 화려한 저택이라면 튤립이 제격이겠지만, 여기에서는 소박한 라벤더가 외려 정겹다. 델프트 도기는 네덜란드 델프트에서 만든, 주석 유약을 바른 도기로, 중국 청화백자를 모방한 것이 많다. 네덜란드 도공들이 영국으로 이주해 가서 만든 같은 종류의 도기는 '잉글리쉬 델프트 English delft'라고 부른다.

18세기로 넘어가면, 벽과 바닥에 나무 판을 까는 방식은 크게 변하지 않았으나, 벽의 널판이 차츰 평평한 형태를 띠기 시작한다. 그 위에 주로 가라앉은 듯한 느낌의 단조로운 색을 칠해 부드럽고 아늑한 느낌을 살렸다.

1745년의 거실. 중국 명나라 것을 본뜬 마호가니 의자를 거느린 마호가니 탁자 위에는 중국산 찻잔과 주전자가 놓여 있다. 18세기 중반부터 차를 마시는 것이 중산층에서도 중요한 문화로 발전했다. 벽난로 위에는 가로로 긴 거울을 두었는데 작은 거울을 이어 붙여서 만든 것이다. 당시에는 한 장으로 된 큰 거울을 만드는 데에 기술적인 한계가 있었다. 벽 모서리에 중국 칠기를 모방한, 일명 '일본칠'로 장식한 수납장이 걸려 있다.

가운데에 놓인 원형 탁자는 다리가 삼발이 모양이다. 상판에는 똑딱이 장치가 달려 있어 쓰지 않을 때는 상판을 수직으로 세워 벽에 붙여 둔다. 목재는 서인도제도에서 수입한 마호가니인데, 단단하면서도 섬세한 조각이 가능해 이 무렵 참나무와 호두나무를 제치고 가구에 즐겨 쓰였다. 의자 등받이는 중국 명나라 것을 본떠 모양을 냈는데 둥글린 모서리가 부드럽다.

탁자 위에 놓인 주전자와 찻잔은 중국에서 수입한 것이다. 커피, 초콜릿, 홍차를 마시는 관습은 17세기 귀족들 사이에서 부의 상징이자 '우아한 삶'의 요소로 자리잡았고, 18세기 중반에는 중산층에까지 깊이 파고 들었다. 이때부터 영국 사람들은 '차 한 잔(a cup of tea)' 없는 삶은 상상할 수 없게 되었다. 차와 커피는 너무 귀해서 오히려 흔해진 것들이다.

그와 더불어 차를 즐기기 위한 차 도구가 필수품이 되었다. 영국에서도 중국 자기, 독일의 마이센 자기, 프랑스의 세브르 자기에 버금가는 것을 만들기 시작했다. 비록 중국 자기만큼 단단한 경질 자기도 아니고, 마이센과 세브르의 자기처럼 정부의 주도로 후원을 받거나 하지는 못했지만, 실험적인 단계를 거쳐 상업성이 있는 제품들이 나왔다. 19세기에는 '본 차이나 bone china'를 만들어 진짜 '차이나' (중국 자기)를 앞지르는 발판이 되었다.

벽에 걸린 거울을 자세히 보면 가로나 세로로 금이 나 있다. 당시에는 유리 제작 방식이 풍선처럼 입으로 분 다음에 잘라서 펴 나가며 만들었기에 큰 유리를 제작하는 데에는 한계가 있었다. 따라서 큰 거울을 만들려면 이처럼 두세 장을 이어 붙여야 했다. 18세기 중반은 아직 전기가 없던 시절이라서 거울 테두리 양쪽에 촛대를 달고는 했는데, 촛불을 켤 때 빛이 거울에 반사되어 밝기 효과가 두 배가 되도록 배려한 것이다. 벽 모서리에 달린 장식장은 칠기 가구를 본뜬 것으로 일명 '일본칠(japanning)'이라고 불렀다.

당시에 중산층 사이에서 값비싼 중국산 수입품이 유행하는 것을 우려하는 목소리가 높았다. 어떤 신문은 남에게 과시하려는 소비보다는 단순하고 깔끔한 취향을 가지는 것이 도덕적이라고 논평하는가 하면, '깔끔함(neat)'이 곧 '똑똑함(smart)'이라는 운동이 번지기도 했다. 시공간을 격해서, 수입 명품에 목을 매는 오늘의 우리 풍속에 일침을 가하는 지적이 아닐 수 없다.

18세기 후반에 이르면, 신고전주의라고 일컫는 고전 양식의 부활과 더불어 '깔끔함'이 더욱 간결하고 세련된 모습으로 발전한다. 벽 전체에 붙이던 나무판은 허리 아래께만 두르고 윗부분은 벽지를 바르거나 칠을 했다. 벽지 무늬는 잔잔한 꽃무늬나 줄무늬가 많았고 색상도 차분한 것이 유행했다. 귀족

1790년대의 거실. 벽에 나무판 대신 벽지를 바르고 신고전주의 스타일의 판화 액자를 걸었다. 마호가니 테이블과 의자, 책상은 치펜데일 스타일이다.

들은 우아하고 세련된 신고전주의 양식을 확립한 로버트 애덤Robert Adam과 같은 건축가에게 실내장식을 맡기고, 근사한 치펀데일Thomas Chippendale 가구를 놓았다. 중산층의 거실은 그와 같은 상류층의 고급스러움에는 미치지 못해도 분위기만큼은 당시에 유행하던 세련된 양식을 충실히 따랐다.

이를테면, 이탈리아로 그랜드 투어를 다녀온 귀족들이 긴 방에 그리스, 로마의 고전적인 조각상을 채워 넣었다면, 중산층들은 조각상 대신에 고전적인 이미지의 판화를 거는 식이었다. 한마디로 소박한 신고전주의다. 거실의 쓰임새도 식사까지 겸하던 공간에서 차츰 벗어나 주로 차를 마시거나 휴식하는 독립적인 장소로 자리 잡았다.

19세기 리전시Regency 시대에 들어서면, 중산층 거실은 이러한 경향이 더욱 두드러져, 한쪽에 안락한 소파를 놓고서 체스 게임, 카드 놀이, 바느질 같은 여가 생활을 즐기거나 차를 마시는 공간으로 굳어진다. 벽에서는 나무판이 사라지고, 대신 아칸서스 잎 같은 고전적인 무늬가 찍힌 벽지로 꾸몄다.

가구 또한 고대 그리스 디자인에 바탕을 둔 우아한 '그리스 양식'이 유행했다. 리전시 양식의 장식미술을 대표하는 토마스 호프Thomas Hope가 당시의 디자인을 집대성하여 만든 책 「가정용 가구와 실내상식」이 널리 읽혔고, 이로써 '실내 장식'이라는 용어가 보편화되기 시작했다. 호프의 가구 디자인 가운데 당시에 크게 사랑받았을 뿐더러 지금까지 걸작으로 남은 의자가 있

1830년대의 거실. 아칸서스 잎 무늬의 벽지며 웅장한 느낌의 짙은 색 가구 등, 당시에 유행하던 그리스 양식의 실내장식을 따랐다. 거실이 휴식과 오락 기능을 담당하는 공간으로 자리 잡았다.

다. 네 다리는 사브르 검처럼 날렵하게 바깥으로 뻗어 있고 등받이는 등의 곡선에 따라 오목하게 휜 직사각형 의자로, 여신들이 즐겨 썼다고 전해지는 고대 그리스의 우아한 '클리스모스klismos'를 되살린 것이다. 이 시대에는 이국적인 목재를, 이를테면, 흑단, 자단, 줄무늬 나무 따위를 많이 사용했으며, 목재 가구는 흑단을 흉내내어 검게 칠하고 금빛 무늬로 장식해 위엄 있는 스타일을 연출하는 것이 일반적이었다.

편안함과 안락함을 추구하는 경향은 빅토리아 시대에 이르면 더욱 뚜렷해진다. 두꺼운 천을 씌운 안락의자들은 한눈에도 편해 보인다. 벽난로 위에 놓인 거울은 이제 한 장으로 된 통유리다. 산업혁명이 가져온 기술 발전의 한 면이라 하겠다. 거울 앞에는 '러스터luster'라고 부르는 유리 촛대를 비롯하여 여러 장식 소품을 늘어놓았다. 천장에 매달린 가스등이 등잔과 함께 촛불을 대신했다. 비록 그을음 때문에 날마다 하녀들이 청소를 해야 하는 번거로움이 있지만, 덕분에 그 어느 때보다 환한 저녁을 맞이 할 수 있었다.

거실 한쪽에 놓인 피아노는 이 시대 거실에서 빼놓을 수 없는 품목이었다. 제인 오스틴의 소설 「오만과 편견」에서도 그런 장면이 몇 차례 나오듯이, 빅토리아 시대 사람들은 손님이 오거나 가족이 모이면 피아노를 치면서 노래 부르기를 퍽 즐겼다.

1870년의 거실. 폭신하고 안락한 의자와 함께 많은 가구와 소품들이 거실을 가득 채우고 있다. 많이 가진 것이 곧 풍요함의 상징이었기 때문이다.

거실 벽에는 빅토리아 여왕의 초상화와 더불어 판화며 그림이 빼곡하게 걸려 있고, 장식장에는 여러 가지 예쁜 소품이 가득하다. 산업혁명으로 인한 경제 발전과 무역의 발달로 대영제국 최고의 번영기를 맞이한 이때는 무엇이든 많이 사들이고, 걸고, 놓아 두는 것이 부유함의 상징이었다. 곧, 현대의 '미니멀리즘minimalism(최소한 표현주의)'과는 정반대 쪽에 선 '맥시멀리즘 maximalism(최대한 표현주의)'이 이 시대 실내장식의 뚜렷한 경향이었다. 그러다 보니 거실 풍경이 여러 가지 무늬와 빛깔이 한데 뒤섞이기 십상이었는데, 이러한 경향을 두고 중산층의 '몰취향'이라고 비판하는 시각이 차츰차츰 고개를 들기 시작했다.

1890년의 거실. 수직, 수평선이 강조된 의자와 벽난로 위 선반 가구, 일본 풍의 무늬와 액자가 이국적인 정취를 풍긴다. 장식장 위에는 크리스토퍼 드레서의 커피 포트, 예술 도자기, 청화백자 같은 소품들이 놓여 있다.

그리하여 빅토리아 시대 후기에 이르러 '예술적 취향'과 '예술을 위한 예술'을 표방하는, 일명 '미학주의(미학운동, Aesthetic Movement)'가 나타난다. 문학과 회화에서 시작된 미학주의의 영향으로, 집안의 실내장식에서도 '예술적 취향'을 중시하기 시작했고, 예술적인 실내장식을 위한 길잡이 글도 다양하게 쏟아져 나왔다. 먼저 전체적으로 색상을 조화롭게 하는 쪽으로 가닥을 잡았다.

미학주의가 빅토리아 시대의 모든 중산층을 대변하는 양식은 아니었지만, 오스카 와일드 Oscar Wild, 제임스 맥닐 휘슬러 James McNeill Whistler, 단테

1910년의 거실. 차분한 색상의 벽과 흰색 천장과 문이 전체적으로 깔끔한 인상을 준다. 벽난로와 가구는 미술공예 운동의 영향을 이어받아 소박한 멋을 풍기는 가운데 영국 전통의 느낌에 충실하다

가브리엘 로제티Dante Gabriel Rossetti, 에드워드 번-존스Edward Burne-Jones 와 같은 문인과 화가의 영향을 받은 새로운 시도로써 이 시대의 장식미술에 큰 영향을 끼친 점은 분명하다. 또 이 양식은 1850년대부터 유럽으로 유입된 일본의 회화와 디자인에서도 영감을 얻은 바가 컸다. 일본에서 들어온 판화를 벽에 걸고, 가구 디자인은 가느다란 수직선과 수평선을 강조하고 여백이 많은 선반이나 장식장을 많이 썼다.

해바라기, 공작새 깃털, 부채 문양도 미학주의의 상징으로 자주 등장했다. 미학주의자들은, 르네 마그리트의 "일상의 사물은 그것에 실용의 의미를 부여하려는 강박적인 의지에서 해방되는 순간 지성적 의미를 갖게 된다"는 말마따나, 공작 깃털이든 부채든 그저 보기에 좋은 것이면 쓰임새에 연연하지 않았다.

도자기와 은 제품들도 직접 일본을 다녀오거나 동양의 디자인을 자신의 방식대로 새롭게 풀어 가는 디자이너들의 손에서 새롭게 태어났다. 크리스토퍼 드레서Christopher Dresser가 대표적인 디자이너로 손꼽힌다. 그러나 그의 독창적인 디자인은 대중성을 얻기에는 시대를 너무 앞선 탓인지 후대에 거의 잊혀졌다. 지금 보아도 그 디자인은 과감하고 혁신적이다. 또 이슬람 예술에 바탕을 둔 이른바 '예술 도자기(art pottery)'도 일본 제품들과 함께 이국적인 정취를 불러 일으키는 예술로 '미학운동'에 함께 줄을 섰다.

20세기 초반, 에드워디언 시대에 이르면, 빅토리아 시대의 중후한 분위기에서 벗어나 가볍고 산뜻한 모양새가 나타나기 시작한다. 복잡한 무늬보다는 잔잔한 것을, 짙은 색보다는 도드라지지 않는 엷은 색을 즐겨 썼다. 벽난로의 테두리 틀은 주로 참나무를 사용하고, 그 안쪽에는 주물이나 도기 타일 같은 다른 소재를 어우러지게 써서 여러 질감의 조화를 살렸다. 이것은 중세 시대 장인들의 손맛을 추구하는 '미술공예운동(Art and Crafts Movement)'의 전통을 이어받은 것이다.

미술공예운동은 산업혁명에 따른 기계 생산품의 범람에 대한 반동으로 시작되었는데, 손으로 만든 수공품을 무엇보다 가치 있게 여겼다. 이 또한 빅토리아 시대의 미학주의의 한 경향이었다. 간결한 모양새와 꾸밈 없는 선형을 즐겨 쓴 이 양식의 가구와 장식 소품이 당시 리버티Liberty's나 힐스Heal's 백화점에서 활발하게 거래되었다.

1930년대에 이르러 대부분의 가정이 전기를 위시해서 전화, 중앙난방, 보일러 등을 사용하기 시작했다. 그리고 이런 기반 설비를 갖춘 작은 플랫flat(우

1935년의 거실. 작은 플랫을 많이 지었고 중앙난방과 같은 현대식 설비를 갖추고 있다. 밝은 색으로 칠을 하고 낮고 넓은 가구들을 놓았다. 기하학적인 무늬의 패브릭과 카펫이 유행했다.

제프리 박물관 35

1965년의 거실.

1998년 다락방을 개조한 거실.

리의 연립주택과 비슷한 주거지)들이 속속 새로 지어졌는데, 부부나 핵가족이 살기에 안성맞춤이었다. 실내의 콘크리트 벽은 거의가 무늬가 없었으며, 벽지 대신 칠을 선호했고 주로 옅은 색을 칠했다.

가구들은 높이가 낮고 가로로 넓었는데 이로써 낮은 천장을 보완하였다. 낮은 장식장 위에는 축음기와 라디오 같은 새로운 문명 기기를 놓았고, 여기에서 흘러나오는 재즈 음악의 현란한 박자처럼 기하학적인 무늬의 깔개와 패브릭이 공간에 생동감을 주었다. 주말이면 영화를 보러 가고 저녁에는 칵테일 파티를 즐기던 시대의 중산층 거실이다.

제프리 박물관에서 1630년부터 1998년에 걸쳐 시대의 흐름에 따라 변모해 온 11개의 중산층 거실과 그 시대를 대표하는 가구와 장식미술 경향을 하나하나 둘러보았다. 그러고 나니, 마치 학창 시절에 시험을 앞두고 막바지에 벼락치기를 한 기분이 든다. 나름대로 찬찬히 세심하게 살펴보고 정리한다고는 했지만, 어쩐지 제대로 깊이 있게 공부하지는 못했다는 불안감이 엄습해 오는 까닭이다.

건물 뒤편으로 가니 정원도 실내처럼 시대별 변천사를 한눈에 볼 수 있도록 꾸며 놓았는데, 안타깝게도 꽃이 죄다 져서 을씨년스러웠다. 정원을 제대로 감상하려면 봄에 다시 와야 할 것 같다.

중산층의 삶이 투영된 공간을 재현하는 일이 결코 쉽지 않았을 것이고, 한정된 공간 안에 정원을 축소해서 되살리는 일 또한 어려운 과제였을 터이다. 아쉽지만 실망보다는 그 노고에 찬사를 보내고 싶다. 정원을 돌아보고 나서 다시 앞마당으로 나서니, 정원사가 건물 벽에서 웃자란 아이비 덩굴을 정리하느라 여념이 없다. 주어진 일을 묵묵히 해내는 저들의 흔적이 미래에 또 이곳에 담기겠지.

커다란 열쇠 구멍 문양의 박물관 현관문이 눈에 다시금 들어온다. 그 너머로 내부가 슬쩍 비친다. 사백 년 동안의 삶을 여기에서 엿볼 수 있다는 의미이리라. 로고 하나에도 응축된 상징성이 돋보인다.

허브 정원.

제프리 박물관의 현관문. 이 문을 열고 들어서면 과거 사백 년 동안의 삶이 파노라마처럼 펼쳐진다. 그러니 저 현관문을 장식한 열쇠구멍 모양의 로고는 우리를 과거로 이끄는 통로인 셈이다. 로고 하나에 응축되어 있는 상징성에서 영국 디자인의 힘을 볼 수 있다.

월리스 컬렉션

프랑스 장식미술품의 메카

Wallace Collection

주소 Herford House, Manchester Square, London W1U 3BN
전화 020 7563 9500
홈페이지 www.wallace collection.org
개관 10시-17시
입장료 무료

런던의 명동 거리쯤인 옥스포드 거리를 걷노라면 '많은 사람이 어쩌면 이렇게 저마다 다른 모습일까' 싶다. 그도 잠시, 어느새 사람들에게 떠밀려 같은 방향으로 걷고 있는 나를 발견한다. 메트로폴리탄 도시의 후텁지근한 공기에 현기증마저 인다. 젖과 꿀이 흐르는 현대판 가나안의 땅이라 할 만한 백화점에서 검정색 차도르를 두른 이슬람 여인들이 오일처럼 콸콸콸 쏟아져 나온다. 명품 가방을 팔에 걸고 양손에는 쇼핑백을 잔뜩 거머쥔 이 여인들, '지름신'이 제대로 강림하여 셀프리지 백화점 물건을 싹쓸이한 모양이다. 거리의 먼지도 여인들의 긴 치맛자락을 따라 이리저리 쓸리고 밀려 다닌다. 백화점을 끼고 천천히 삼 분쯤 걸으면 작은 광장 맨체스터 스퀘어가 나오고, 보이지 않는 방음벽에 에워싸인 듯 소음이 잦아든 그곳에 월리스 컬렉션이 고즈넉하게 자리잡고 있다.

월리스 컬렉션은 대대로 하트퍼드 가문이 수집한 컬렉션이다. 여기에 소장된 카날레토 Giovanni Antonio Canaletto, 레이놀즈 Joshua Reynolds, 게인스버러 Thomas Gainsborough의 그림은 하트퍼드 가문의 1, 2대 후작이 사들였고, 미술품을 본격적으로 수집하기 시작한 이는 3대 후작이다. 17세기 네덜란드 그림, 프랑스 가구와 세브르 자기 들을 볼 수 있는 것도 그의 덕택이다. 이를 토대로 오늘날의 모습으로 컬렉션을 완성한 사람은 4대 후작이다.

4대 하트퍼드 후작은 파리에 살면서 아버지한테서 물려받은 영국과 아일랜드 부동산에서 나오는 막강한 재력으로 엄청난 양의 작품을 수집하였다. 후작은 평생 독신으로 살았으나 사생아 아들 리처드를 낳아, 아들에게 어릴 때부터 작품 관리를 꼼꼼하게 가르쳤다. 1870년 후작이 세상을 떠나자 리처드 월리스 부부는 아버지의 작품을 파리에서 런던으로 가져왔고, 중세와 르네상스 시대의 작품을 비롯하여 무기와 갑옷 컬렉션을 더 보탰다. 1890년 리처드가 죽고 그 모든 것을 부인 월리스가 상속하였는데, 부인은 남편의 뜻에 따라 이 컬렉션을 국가에 헌납했다. 대를 이은 작품 수집으로 이루어지고, 사회 헌납으로 정부 관리 아래 무료로 관람할 수 있는 월리스 컬렉션은 바람직하게 형성되고 잘 운영되는 컬렉션의 좋은 사례다.

월리스 컬렉션은 어느 방 할 것 없이 그 화려함에 입이 떡 벌어진다. 손님을 맞이하던 방 앞쪽 접견실(The Front State Room)과 이들을 대접하던 뒤쪽 접견실(The Back State Room)은 우리는 감히 시도하지 못할 붉은 벽으로 이루어졌다. 온통 새빨간 빛깔의 천을 두른 이 벽은 금색 찬란한 장식품들과 어우러져 "화려함이란 무릇 이렇게 완성되는 것이다" 하고 말하는 듯했다. 뒤쪽 접견실은 프랑스 루이 15세 때의 작품이 가득 들어차 있다.

쟈크 카피에리Jean Jacques Caffiieri가 만든 12촉짜리 샹들리에를 비롯하여 '오물루ormulu'라고 부르는, 금을 입힌 청동 장식이 독자적인 소품으로서뿐만 아니라 가구 곳곳을 장식하고 있다. 장인들이 청동을 마치 진흙인 양 자유자재로 빚어낸 작품들이다.

카피에리가 만든 12촉 청동 샹들리에

가구에 붙은 금박 입힌 청동 장식, 오물루는 떼어 내면 그 자체가 하나의 조각 작품이 될 만큼 입체적이다.

벽쪽에 놓인 서랍장(코모드commode)에 붙어 있는 오물루도 가구장 카피에리의 솜씨다. 서랍장의 표면을 덮은 구불구불한 모양새가 예사롭지 않다. 이 서랍장은 루이 15세의 침실에 놓기 위해 조각가 슬로츠Sébastien-Antoine Slodtz의 디자인을 바탕으로 가구장 고드로Antoine-Robert Gaudreaus가 만들고 카피에리가 장식을 마무리한 야심작이다. 이처럼 프랑스에서는 하나의 가구를 완성하기까지 여러 장인의 손을 거쳤다. 틀을 짜고 무늬목을 붙이는 에베니스트ébéniste, 원목을 깎는 메뉘지에menuisier, 청동 장식 전문인 브롱지에bronziers, 천을 씌우는 타피시에tapissiers 등 저마다 전문 분야가 길드 조합으로 나뉘어져 있었다.

루이 15세 시대의 거장 고드로가 만든 서랍장. 불꽃처럼 일렁이는 청동 오물루 장식은 카피에리의 솜씨다.

루이 15세는 생을 마감하는 날 침대에 누워 흔들리는 촛불에 비치는 이 서랍장을 물끄러미 바라보면서 "아! 저 오물루 장식은 마치 지옥의 타는 불꽃 같아"라고 말했다고 한다. 그 말을 떠올리며 붉은 방에 놓인 서랍장을 바라보노라니, 정말 불꽃이 활활 타오르며 일렁이는 듯했다. 죽음의 그림자 앞에서 루이 15세는 하릴없이 불안과 두려움에 휩싸였던가 보다. 저 아름다운 작품도 죽음을 앞둔 그에게 마음의 평화를 주지 못했다니 안타까울 따름이다.

방 한쪽에는 프랑스 루이 15세의 애첩 퐁파두르 부인이 그토록 아끼고 후원해 마지 않던 세브르 공방의 자기가 즐비하다. 벽난로 위에 놓아 두고서 방 안의 퀘퀘한 냄새를 잡아 주던 포푸리 화병을 위시하여, 코끼리 모양의 화병 촛대, 잉크병과 받침, 찻잔 등 하나하나가 마치 바로 어제 만든 듯 신선하게 느껴져 눈을 떼기가 어렵다. 그 가운데에서 코끼리 모양 촛대는 본디 곤돌라 배 모양의 포푸리 화병과 한 세트로서, 퐁파두르 부인이 직접 사용하던 것이다.

코끼리 모양 화병 촛대

중국과 일본에서 수입하던 자기와 그것들을 모방한 서양 최초의 자기인 독일 마이센 자기의 독점적 아성을 세브르Sèvres 자기가 뒤흔들어 놓았다. 중국 자기나 마이센Meissen 자기에 비해 단단하지 않은, 이른바 '연질 자기'인 세브르 자기가 중

세브르 와인 쿨러

국이나 독일 자기를 능가할 수 있었던 것은 바로 여심을 사로잡는 섬세한 색상과 디자인 덕분이었다.

퐁파두르 부인은 파리 근교에서 소규모로 생산하던 반센 자기 공방을 1756년에 세브르로 옮기고, 이곳에서 자기에 입힐 바탕색을 본격적으로 개발하게 하여, 짙은 파랑(bleu lapis)을 시작으로 노랑(jaune jonquille), 터키(bleu céleste), 사과 초록(vert pomme), 분홍색(rose) 순서로 해를 거듭하며 새로운 색을 선보였다. 피부가 백옥 같은 퐁파두르 부인은 특히 분홍색을 좋아했는데, 후대 사람들은 이 색을 '퐁파두르 로즈'라고 불렀다.

세브르 보석함

세브르 자기는 그림을 그릴 공간을 가운데에 비워 둔 채 바탕색을 입히고는 가마에서 구웠는데, 이때 안료가 아래로 흘러내리기 쉬워서 굽는 일이 쉽지 않았다. 빈자리에는 주로 꽃이나 새 같은 그림을 그려 넣었는데, 프랑수아 부셰François Boucher와 같은 당대 최고의 화가가 그림을 그리기도 했다. 그림을 그린 뒤에 한 번 더 구워 금도금 장식으로 마무리하였다. 이 장식으로 화려함이 더할 뿐만 아니라 배경과 그림의 경계가 뭉그러지거나 잘못된 곳도 감쪽같이 가릴 수 있었다. 이 금도금 장식은 독특한 바탕색, 섬세한 그림과 함께 세브르 스타일을 구성하는 3대 요소로 자리잡았다. 세브르의 금도금 장식은 특히 두껍고 입체적이며 작은 도구로 꽃잎이나 무늬를 섬세하게 새겨 넣음으로써 그 어떤 자기보다 뛰어난 자기를 완성시켰다.

루이 15세는 세브르말고는 다른 프랑스 자기에 금도금 장식을 못하게 함으로써 세브르만의 고유한 가치를 지켰다. 아마도 애첩 퐁파두르 부인의 베갯머리송사가 힘을 쓴 덕분이 아닐까.

'당구 방(The Billiard Room)'이라고 일컫는 방에는 또 다른 화려함이 기다리고 있었다. 이 방에는 큰 당구대가 놓여 있어 옆방에서 식사를 마친 뒤에 남자들이 이곳에 모여서 게임을 즐겼다. 그러나 지금은 당구대 대신 루이 14세 시대(1638-1715) 최고의 가구장 앙드레 샤를르 불Adré-Charles Boulle의 작품들이 놓여 있다.

불Boulle은 재상 콜베르가 발탁하여 왕실에 발을 들였는데, 탁월한 솜씨를 인정받아서 1672년에 왕실 전속 가구장이 된다. 루브르 궁전에 머물면서 베르사유를 비롯하여 여러 궁을 빛낼 가구를 만들었다. 그는 나무와 금속, 귀갑(거북 등껍질)을 함께 사용하여 독특한 쪽매붙임 기법을 완성했는데, 이 기법을 그의 이름을 따서 '불 마케트리Boulle marquetry'라고 부른다.

'불 마케트리'는 값비싼 태평양 산 귀갑과 놋쇠판을 서로 맞붙이고 문양을 따라서 가는 톱으로 잘라낸 뒤에 다시 분리하여, 귀갑에는 놋쇠 문양을, 놋쇠판에는 귀갑 문양을 붙이는 방식이다. 앞의 것을 보통 초판, 곧 '프르미에르 파르티premiére-partie,' 뒤에 것을 반대판, 곧 '콩트르 파르티contre-partie'라고 한다. 귀갑을 나무에 쪽매붙임 하는 방식은 이탈리아와 네덜란드에서

앙드레 샤를르 불이 만든 옷장. 1715년 작이며, 높이 311.5센티미터이다.

도 더러 사용되었지만 성질이 판이하게 다른 금속판에 접합시켜 복잡한 문양을 구현해 낸 것은 그만의 독창적인 기법이다.

1층을 한 바퀴 둘러본 뒤 방문자를 향해 팔을 벌리고 있는 듯한 웅장한 계단을 오르면 둥근 소파가 놓인 계단참(The Landing)에 다다르게 된다. 잠시 이곳에 앉아 쉬면서 양쪽 벽에 걸린, 부셰의 '해넘이(The Setting of the Sun)'와 '해돋이(The Rising of the Sun)'를 감상하는 것은 빼놓을 수 없는 즐거움이다.

계단의 철제 난간은 원래 프랑스에서 새로 도입될 은행 제도에 맞추어 건립될 로얄 뱅크에 설치될 예정이었으나, 그 계획이 무산되자, 리차드 월리스가 사들여 이곳에 맞게 개조하여 설치했다.

'해넘이'에서는 아폴로가 마차에서 내려 테티스의 품으로 가고 아기 천사들이 밤의 커튼을 치고 있다. 반면에 '해돋이'에서는 백마의 고삐를 쥔 테티스가 떠날 채비를 하는 아폴로를 배웅한다. 그 위에서 새벽의 여신 오로라가 하늘에 분홍빛 장미를 뿌리고 있고, 한쪽에서는 아기 천사들이 밤의 장막을 걷어 내고 있다.

이 한 쌍의 그림은 퐁파두르 부인이 부셰에게 주문하여 그린 것으로, 벽걸이 천으로도 제작되었다. 테티스를 퐁파두르 자신, 아폴로를 루이 15세에 비유

계단참에 부쉐의 '해넘이'와 '해돋이'가 있다

한 이 장면은 오비디우스의 「변신 이야기(Metamorphoses)」에 나오는데, 부셰가 그만의 독특한 감각으로 표현하였다.

로코코 시대에 부셰와 쌍벽을 이룬 프랑스 화가 와토Jean-Antoine Watteau의 그림도 월리스 컬렉션에서 빼놓을 수 없는 볼거리다. 와토는 이탈리아 연극 '코메디아 델라르테Commedia dell'arte'에 나오는 광대를 모델로 자주 그림을 그렸다. 또 역사나 신화와 같은 장대한 주제를 벗어나 야외에서 음악을 연주하거나 사랑을 속삭이는 등 가볍고 우아한 사랑의 향연, 이른바 '페트 갈란트fétes galantes'라는 장르도 선보였다.

작은 거실(The Small Drawing Room)에서는 와토의 작품이 로코코 시대에 프랑스 귀부인들 사이에서 크게 유행하던 칠기 가구와 더불어 분홍빛 분위기를 자아낸다.

거실 한쪽에 있는 검은색 서랍장은 중국에서 들어온 칠기 제품을 잘라 붙이고 오물루로 장식한 것으로서, 루이 15세의 왕비 마리를 위해 만든 것이다. 비록 위, 아래 서랍에 서로 다른 칠기를 붙이는 바람에 산꼭대기에 바다가 붙은 꼴이 되었지만 이국적인 정취만은 아련하다.

이 방 저 방 발길을 옮기며 둘러보려니, 마치 화려한 선율이 강, 약을 조절하

큰 거실 전경.

며 방에서 방으로 흐르는 듯한데, 큰 거실(The Large Drawing Room)은 강렬이다. 이 방에서는 불의 화려한 작품들이 짙은 초록색을 배경으로 놓여 있다. 대체로 평범하고 익숙한 것을 선택하곤 하는 우리의 소심함을 뒤흔들어 버리는 이 과감한 초록이 얼마나 신선하고 놀라운가.

방 한쪽에는 1700년 무렵에 불이 제작한 것으로 추정되는 옷장이 놓여 있다. 옷장 문짝은 그의 프르미에르 파르티(귀갑 바탕에 놋쇠 문양) 장식 위에 「변신 이야기」에 나오는 유명한 이야기를 소재로 한 오물루가 입체감을 더한다.

불의 작품으로 추정되는 옷장 문짝의 세부. 오비디우스의 『변신 이야기』에 나오는 장면을 오물루로 표현했다.

옷장의 왼쪽 문짝에는 태양신 아폴로가 스토커처럼 다프네를 쫓아가고 그녀는 아버지인 강의 신에 의해 막 월계수로 변하는 장면이, 오른쪽 문짝에는 아폴로가 자신과의 연주 내기에서 진 마르시스의 살갗을 벗기라고 스키타이인에게 명령하는 장면이 나온다. 모두 아폴로를 주인공으로 한 내용을 담고 있는데, 태양왕 루이 14세를 아폴로에 비유한 것이다. 오른쪽 문짝에 표현된 아폴로의 권위를 상징하는 이야기는 그렇다 치더라도, 다프네 꽁무니를 쫓는 아폴로의 모습을 루이 14세는 어떻게 받아들였을까 궁금해진다.

이어지는 타원형의 거실(The Oval Drawing Room)에서는 그 유명한 퐁파두르 부인을 알현할 수 있는 영광이 기다리고 있다. 부셰가 그린 퐁파두르의 초상화를 보자니. 익히 듣던 대로 '퐁파두르 부인은 미모가 뛰어나다.' 피부가 뽀얀 그녀, 분홍색을 유독 좋아한 이유를 알겠다.

부인의 초상화와 대칭되는 곳에 부셰의 그림과 함께 로코코 시대를 대표하는 아이콘이라고 함직한 화가 장 오노레 프라고나르Jean-Honoré Fragonard의 '그네'가 걸려 있다. 이 그림을 보고 있자니 시조 한 수가 저절로 나온다.

구름인 듯 나무인 듯 매인 그네에
분홍 치마 펄럭이며 춘향 아씨 몸을 싣네
살인 미소, 구두 한 짝 허공을 가르고
덤불 아래 몸을 숨긴 아름다운 청년

부셰가 그린 퐁파두르 부인의 초상화.

프라고나르의 '그네(The Swing).' 1767년 작품으로, 로코코 시대의 자유 분방한 분위기가 잘 표현되어 있다.

침 흘리며 치마 안쪽 훔쳐 보네
아! 어쩔까나 호호백발 지아비
낡은 끈 부여잡고 부인만 바라보네

방 한가운데에는 루이 16세 시대의 가구 거장, 리즈네Jean-Henri Riesener의 책상이 놓여 있다. 둥근 뚜껑이 착착 말리면서 열리고, 그 속에 작은 서랍들이 있다. 다리 부분은 로코코 스타일의 곡선이 남아 있고, 뚜껑과 그 윗면은 신고전주의 스타일의 무늬가 쪽매붙임 되어 있는 것으로 보아, 이것을 제작

퐁파두르 부인의 초상화가 있는 타원형 거실.

리즈네의 책상.

하는 사이에 유행이 바뀌었음을 짐작할 수 있다. 이 작품은 루이 15세 시대의 거장 오벤Jean-François Oeben의 디자인과 꼭 닮았다. 오벤이 세상을 떠나자 미망인이 공방을 이어받고, 남편의 제자이던 리즈네와 결혼하는 바람에 두 거장은 인생의 많은 것을 공유하게 되었다. 리즈네는 루이 16세 시대를 풍미한 가구장으로서 그가 앙트와네트 왕비를 위해 만든 책상이 타원형 거실에 이어진 서재에 있다. 구불구불한 로코코 시대의 가구와는 달리 선이 곧고 단아하며 격자 무늬의 쪽매붙임 위에 덧붙인 섬세한 오물루 장식이 고전미를 풍긴다.

월리스 컬렉션에 가면 마치 프랑스로 순간 이동한 듯한 느낌이다. 한곳에서 루이 14, 15, 16세를 걸쳐 17, 18세기의 프랑스 장식미술품을 한꺼번에, 그것도 무료로 볼 수 있으니, 이보다 더 알찬 여행이 어디 있겠는가.

코담배 갑

월리스 컬렉션이 프랑스 미술품의 메카라면, 장인의 기술이 집약된 장식미술품의 결정체는 코담배갑이다. '스너프 박스Snuff Box'라고 부르는 이 작은 상자는 코담배를 휴대하기 위한 것이기도 하지만, 순수하게 장식용으로도 만들었다. 비록 크기는 작지만, 이것을 만들기 위해 칠기, 천연 크리스탈, 조개, 귀갑, 대리석, 도자기 등 독특하고 희귀한 온갖 재료를 동원하여 당대의 유명한 금, 은 세공사와 작은 그림(미니어처) 화가들이 한껏 솜씨를 뽐냈다. 전체적인 균형, 뚜껑과 몸체의 완벽한 물림, 섬세한 세공은 보는 이를 만족시키고, 그 스타일은 늘 최신 유행을 반영하여 귀족들 사이에서 선물로 인기가 좋았다.

진열장에 전시된 코담배갑은 보존을 위해서 조명을 어둡게 비추어서 유리에 코를 박은 채 미간에 힘을 주고 보아야 한다. 그렇지만 어찌나 아름답고 감탄스러운지, 불편함도 잊고 하나하나 들여다보게 된다.

1층과 2층을 둘러본 뒤에, 아직 남아 있는 마욜리카 도기와 갑옷 컬렉션까지 다 보려면, 얼마쯤 쉬면서 방전된 에너지를 채워야 한다. 피로감과 뿌듯함을 함께 안고 1층 안마당에 있는 카페 의자에 앉으니 금색 실로 문양을 수놓은 분홍색 방석이 눈에 들어온다. 어디서 본 듯한 문양이어서 한참을 꼼꼼히 들여다보니, 불의 가구에서 착안한 듯하다. 분홍색은 세브르 자기에서 따온 듯하다. 그러면 철제 의자 틀은 오물루의 21세기 상업판인가? 기특하게도 이곳 월리스 컬렉션에서의 학습 효과인지, 프랑스 장식미술에 너무 심취한 까닭인지 꼬리에 꼬리를 물고 갖가지 이미지가 파도를 탄다. 마침 크림을 얹은 시원한 아이스 커피가 나왔다. 퐁파두르 부인도 이 맛은 몰랐겠지. 이 순간 나는 퐁파두르도, '지름신이 강림한' 이슬람 여인들도 부럽지 않다.

앞뜰에 있는 카페. 철제 의자와 분홍색 방석이 인상적이다.

칼라일 하우스

런던에서 만난 일본국민작가 나츠메 소세키의 문학

Carlyle's House

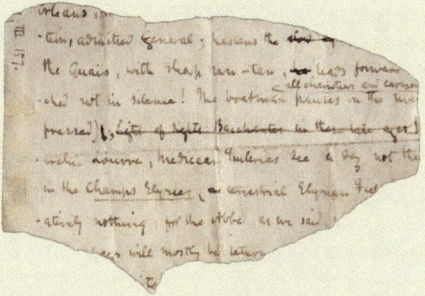

주소 24 Cheyne Row, Chelsea, London SW3 5HL
전화 020 7352 7087
개관 3월 5일-10월 30일 11시-17시 (월요일,화요일 휴관)
입장료 어른 5.10파운드, 어린이 2.60파운드, 가족 12.80파운드

토마스 칼라일Thomas Carlyle의 집을 처음 갈 때만 하더라도 그 이름은 내게 매우 생소하였다. 24번지 체이니 로우, 주소를 보니 런던에서 최첨단 유행을 걷는 동네인 첼시다.

마치 동네 주민인 양 아침 일찍 첼시 골목을 천천히 걷다가 카페에서 커피 한 잔의 여유를 누리면서 칼라일 하우스가 문 여는 시간을 기다렸다.

첫 손님으로 집 안으로 들어서자 우리를 반갑게 맞으며 자원봉사자가 건네는 첫 마디가 "일본에서 오셨나 봐요"이다. "아뇨, 한국에서 왔습니다." 아직도 어딜 가나 듣게 되는 식상한 인사치레려니 여기는 찰나, 이야기가 새로운 국면으로 접어들었다. "아, 그러시군요. '나츠메 소세키なつめそうせき' 때문에 일본 사람이 많이 와서 일본 사람인 줄 알았습니다. 나츠메 소세키 아시죠?" "나츠메 소세키요?" 들어본 적은 있는데 얼른 떠오르지 않았다. "일본의 국민작가인데 아주 유명하세요." "그래요⋯." 일본의 국민작가라⋯, 우리나라의 국민작가도 얼른 떠오르지 않는데 이웃나라의 국민작가야 뭐 모를 수도 있지 않은가. 그렇지만 이 낯선 영국인한테는 같은 동양인이면서 그 작가를 모른다는 사실이 어떻게 비춰질지 살짝 당혹스러웠다.

자원봉사자는 나츠메 소세키를 모르는 우리가 안타깝다는 듯 책을 한 권 꺼내서 보여 주었다. 영어로 번역된 이 책의 겉장에 "Natume Soseki, Tralvels in Manchuria and Korea"라고 쓰여 있다. 앞, 뒤 날개 글을 얼핏 보니, 소세

1865년 집에서 찍은 칼라일 사진이다.

키가 1909년 만주와 한국을 남만주 철도를 타고 두루 여행하면서 느낀 것들을 특유의 날카로운 필치로 적었다는 내용이다. 만주와 한국을 여행한 기행문인 듯싶다. 일본의 국민작가라 불리는 이가 1909년 한국을 어떻게 바라보았을지 갑자기 궁금하여서 책 제목을 수첩에 얼른 적어 두었다. '그런데 이 일본 작가가 대체 이 집과 무슨 관련이 있단 말인가.' 조금 짜증이 밀려왔지만 일단 집부터 둘러보기로 하였다.

좁은 복도와 이어진 좁고 가파른 계단이 우리를 맞는다. 이 집은 으리으리한

칼라일 하우스의 거실.

여느 귀족 저택과는 달리, 런던 시내에서 흔히 볼 수 있는 18세기의 전형적인 '조지언 테라스 하우스Georgian terraced house'이다. 그러니까 단독으로 오롯이 서 있는 집이 아니라 집과 집이 맞붙어 일렬로 늘어서 있는 주거 형태다. 집 내부에도 화려하거나 눈에 띄는 예술품은 거의 없고, 소박하지만 사람 사는 맛이 풍기는 아늑하고 평범한 집이다.

토마스 칼라일은 19세기 당시에는 지금보다는 훨씬 더 큰 명성을 누린 작가다. 역사적인 인물의 평전을 다룬 역사학자이자 철학자다. 특히 독일의 이상

침실에 이어진 욕실. 세면대가 한쪽 벽면에 마련되어 있고, 가운데에 겨우 반신을 담글 수 있는 작은 욕조가 있다.

주의에 깊이 영향을 받았고, 괴테와 실러와 같은 독일 문학작품들을 번역하여 영국에 소개했다. 그의 대표작으로는 「프랑스 대혁명」(1837), 「올리버 크롬웰의 삶과 편지」(1845), 「프레드릭 대제」(1858-1865)가 있다. 스코틀랜드 출신으로 부인 제인과 결혼한 뒤에 런던으로 왔다. 이곳에서 당대 유명한 인사들과 두루 교류하며 강한 스코틀랜드 억양으로 몇 시간씩 사회 문제를 신랄하게 비평하는 논변가이기도 했다.

거실에는 칼라일과 인연을 맺은 수많은 유명 인사와 연관된 이미지를 그러모은 병풍이 있다. 아내 제인이 손수 만든 것으로 사진이나 잡지, 출판물에 나온 이미지들을 오려 붙이고 위에 광택제를 칠한 데쿠파주decoupage(종이 조각을 오려 붙이는 장식법)다. 조각조각을 꼼꼼히 들여다보니 젊은 빅토리아 여왕을 비롯하여 내가 알아볼 수 있는 인물도 몇몇 있다.

나중에 소세키의 "나는 고양이로소이다"를 읽다 보니 칼라일과 빅토리아 여왕에 관한 대목이 나온다. 칼라일의 거침없는 성격이 엿보인다.

"칼라일이 처음 여왕을 알현했을 때 일이지. 궁정의 예법에 상관하지 않는 괴팍스러운 선생. 갑자기 '어디 한 번' 하면서 의자에 풀썩 앉았어. 여왕 뒤에 서 있던 수많은 남녀 시종이 키들키들 웃었지. 아니 웃으려고 했지. 그러자 여왕이 뒤를 돌아보면서 신호를 보냈나 봐. 시종들이 모두 얌전히 의자에 앉아 칼라일의 체면을 지켜 주었다더군. 꽤 배려에 찬 친절이지 않은가. 칼

1849년 칼라일의 아내 제인이 손수 만든 데쿠파주 병풍. 여러 가지 이미지를 잘라 붙인 뒤 바니시를 칠하였다. 칼라일과 생전에 인연 맺은 인물들을 한번 찾아보라는 퍼즐 같다.

라일 같으면 시종이 모두 서 있어도 태연했을 것 같은데."

병풍을 살피다 거북이가 눈에 띄었다. '거북이라…. 아! 그래 다윈!' 예전에 「종의 기원」 책 표지에서 보았던 거북이가 번득 생각났다. 마치 수수께끼를 풀어 나가듯, 칼라일의 인맥 실타래를 하나하나 조금씩 풀어 나가는 기분이었다. 만일 나도 이런 병풍을 만든다면 과연 어떤 이미지가 나올지 자못 궁금했다.

칼라일에게 작가로서의 명성을 가져다 준 작품은 「프랑스 대혁명」이다. 빅토리아 시대의 대표적인 작가 찰스 디킨스도 이 책에서 영감을 얻어 「두 도시 이야기」를 썼다.

칼라일은 1834년 런던에 오자마자 곧바로 글쓰기에 들어가, 세 해 뒤 1837년에 세 권짜리 초고를 완성하여 친구인 존 스튜어트 밀John Stuart Mill에게 한 번 봐 달라고 원고를 건넸다. 며칠 뒤였다. 자정 무렵, 누군가 칼라일 집 문을 세차게 두드렸다. 한밤중에 잠에서 깬 칼라일은 청천벽력과도 같은 소식을 들었다. 그 소식인즉슨, 밀의 하녀가 밀이 읽다가 놓아 둔 칼라일의 원고를 실수로 벽난로 불쏘시개로 몽땅 태워 버렸다는 것이었다. 밀은 손바닥만하게 남은 원고 쪼가리 하나 달랑 들고서 쥐구멍이라도 들어가고 싶다며, 새파랗게 질린 칼라일에게 당시 200파운드라는 큰 돈을 위로금으로 주었다고 한다.

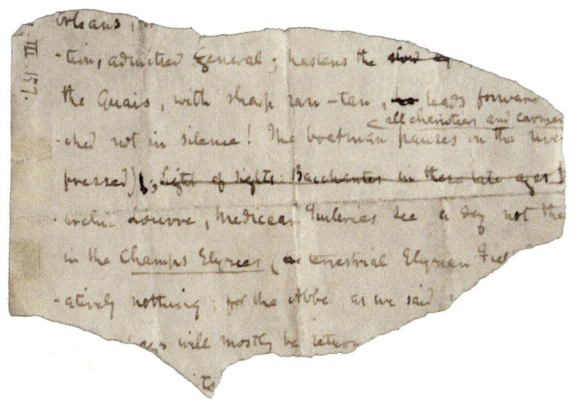

칼라일이 1837년에 쓴 「프랑스 대혁명」의 초고 쪼가리. 그가 세 해 남짓한 동안 완성한 원고를 철학자 존 스튜어트 밀에게 보여 주었는데 밀의 하녀가 실수로 태워 버리고 유일하게 남은 부분이다.

요즘처럼 원고를 컴퓨터에 저장할 때도 아니니, 각고의 노력으로 완성한 원고가 사라지면 완전히 다시 써야 한다. 이 일은 작가에게 무엇보다도 큰 참변이다. 어쩌면 한 번 쓴 것을 다시 쓰는 일은 처음 쓸 때보다 훨씬 더 어려울 것이다. 나 같은 잔챙이 작가도 가끔 원고를 쓰다가 이해할 수 없는 컴퓨터 문제로 사라진 부분을 다시 써야 할 때면 처음 같은 완성도에 미치지 못한다는 아쉬움에 끙끙거리느라고 처음 쓸 때보다 더 괴로워한다. 항간에는 칼라일에게 질투심을 느낀 밀이 일부러 저지른 소행이라는 소문도 있지만 밝힐 도리가 없다. 이 이야기는 칼라일과 관련된 매우 유명한 일화다. 이 조그만 원고 쪼가리를 버리지 않고 간직한 칼라일도 대단하거니와, 그것을 여태껏 소중하게 보관하여 유물로 승화시킨 영국 사람들이 더 놀랍다.

칼라일의 다락방 서재. 그가 쓴 수많은 작품과 그의 손때가 묻은 책상과 의자, 펜이 놓여 있다.

칼라일은 위궤양으로 늘 속이 불편해서 짜증이 심하고 신경이 예민했다. 집 뒤의 자갈 깔린 도로에서부터 덜거덕거리며 쉴 새 없이 오가는 마차 소리와 아이들 고함 소리, 개 짖는 소리가 들려오는 것을 칼라일은 불평하곤 했다. 그래서 다락방 서재는 이중으로 덧문을 달아 방음에 매우 신경을 썼다. 그러고 나니 창문을 열 수 없어 환기구를 설치하여 공기가 드나들도록 했지만, 칼라일은 맘껏 창문을 열 수 없는 것에 또한 수시로 짜증을 냈다고 한다. 서재에 전시된 책과 공책에서 칼라일의 필체를 보았다. 글씨체에는 그 사람의 성격과 품성이 고스란히 드러나는 법, 그의 글씨체에서 강인하면서도 성마르고 깔깔한 학자의 면모가 풍긴다.

칼라일의 책상 위에 놓인 편지 도구함과 그가 쓴 편지. 학자의 날카로움이 느껴지는 그의 필체가 오랫동안 뇌리에 남는다.

칼라일 하우스를 둘러보고 나서 이런저런 얘기를 나누는데 선배님이 갑자기 "그 사람 이름이 뭐랬지?" 하며 나츠메 소세키 이야기를 꺼냈다. 영국의 옛 역사학자의 오래된 집에서 뜬금없이 듣게 된 우리 이웃나라의 작가 이름이 그만큼 우리 머리 속에 강하게 각인되었던 것이다.

서울로 돌아와 나는 나츠메 소세키의 작품을 하나씩 읽었다. 「도련님」, 「마음」, 「나는 고양이로소이다」, 「산시로」, 「그 후」 등등, 나는 어느새 소세키의 문학세계에 흠뻑 빠져 버렸다. 칼라일 하우스를 방문한 것이 나를 칼라일의 문학이 아닌 또 다른 작가의 세계로 인도했다. 이처럼 예상 밖의 새로운 세계와 맞닥뜨리게 하는 것이 여행의 또다른 선물이 아니든가.

소세키의 작품을 읽으면서 '국민작가'라는 말이 괜히 나온 것이 아니구나 싶었다. 소세키는 일본 사람들이 가장 존경하는 인물 가운데 한 명으로, 그의 초상이 1984년부터 2004년까지 천 엔짜리 지폐에 실리기도 했다. 또 많은 일본 사람이 칼라일의 집을 방문하는 까닭도 알게 되었다. 소세키는 일본 정부의 지원을 받아 1900년 런던에서 이 년 동안 유학을 했는데, 이때 칼라일의 집을 방문하여 방명록에 기록을 남겼다고 한다. 단지, 소세키가 거쳐간 곳이라는 이유로 일본 사람들이 즐겨 칼라일 하우스를 찾는다는 사실과, 그가 살던 런던 집이 지금 박물관으로 운영되고 있음은 내게 타다 남은 칼라일의 원고 쪼가리와 그 잔상이 겹쳐졌다. 일본과 영국이 비슷한 점이 많다는 말은 자주 들어 왔지만 이때만큼 그 말이 잘 이해된 적은 없었다.

한 가지 남은 숙제는 아직 우리말로 번역되지 않은 「만한기행(Natume Soseki, Tralvels in Manchuria and Korea)」을 영문판으로 읽는 것이다. 아직 그 책을 구하지 못해 소세키의 눈에 비친 우리나라가 어땠는지 가늠할 수 없지만 일본인인 그의 문학성이 내 마음에 생채기를 남기지 않기를 바란다.

우연의 일치인가 소세키도 내내 위궤양을 앓았으며 결국 그 병으로 죽었다고 한다. 나의 속 쓰림도 다 위대한 작가가 되기 위한 반가운 전조 증상이라 여기며 스스로를 달랜다.

칼라일 하우스의 정원. 작지만 고즈넉한 정원에 놓인 벤치에서 칼라일은 더러 책을 읽었다고 한다. 벤치에 앉아 위대한 작가가 즐겨 쬐었을 따뜻한 햇살을 덩달아 만끽해 보는 여유도 즐겨봄 직하다.

치즈윅 하우스

아르카디아, 무릉도원을 향하여

Chiswick House

주소 Hogarth Lane, London, Middlesex W4 2QN
전화 020 8742 3905
홈페이지 www.chgt.org.uk
개관 4월 1일-10월 30일 10시-17시 (목,금,토 휴관)
입장료 어른 5.50파운드, 어린이(5-15세) 3.30파운드, 가족 14.30파운드
잉글리쉬 헤리티지 회원은 무료

경기도 양평 쪽으로 가는 국도를 타고 바람을 쐬는 날이면 스쳐 지나가는 풍광에 '아, 이런 곳에다 조그만 별장 하나 짓고 싶다'는 생각이 절로 일어난다. 주변을 둘러보니 산 좋고 물 좋고 양지바른 곳엔 이미 파크, 가든, 빌라들이 가득 들어차 있다. 물론 그것들이 공원이나 정원이 아니라 모텔이나 고깃집이라는 것에 외국인들이 영문 몰라하긴 하지만.

교외의 저택이나 휴가용 별장을 뜻하는 '빌라Villa'라는 말도, 우리나라에서는 더러 교외의 고급 주택을 가리키기도 하지만 주로 연립주택, 다가구주택 같은 소규모 공동주택을 부르는 말로 쓰이고 있다. 빌라의 원형은 고대 로마의 하드리아누스 황제가 로마 교외의 티볼리에 지은 하드리안 빌라Hadrian Villa로 거슬러 올라간다. 그 뒤, 르네상스 시대에 부유한 귀족과 상인들이 도시 주거용으로는 대규모 저택인 팔라초Palazzo를, 그리고 교외 별장으로는 빌라Villa를 짓는 일이 유행하면서 빌라 붐이 일었다. 이때 이탈리아 북부 베네토 주에서 건축 특수를 누린 이가 있었으니, 그가 바로 안드레아 팔라디오Andrea Palladio다. 그가 지은 16세기의 빌라들은 주로 비첸차에 몰려 있어 비첸차는 '팔라디오의 도시'로도 불린다.

팔라디오의 건축 양식을 영국에 처음 소개한 사람은 17세기 초의 이니고 존스Inigo Jones이다. 찰스 1세 때의 연회장 뱅퀴팅 하우스Banqueting House와 그리니치에 있는 퀸즈 하우스Queen's House가 바로 이니고 존스가 디자인한 팔라디오 양식 건물이다. 그로부터 한 세기가 지난 18세기에 이르러 팔라디오 양식(Palladian style)이 '신 팔라디오 양식(Neo-Palladian style)'이라는 이름으로 또다시 유행하게 된다.

이때는 대규모 공공건물보다는 빌라가 중심을 이루었는데, 치즈윅 하우스가 유행의 신호탄이 되었다. 런던의 서쪽 끝자락에 자리한 이 건물은 1726년에 짓기 시작하여 삼 년 뒤인 1729년에 완성했다. 결국 이 집의 주인인 벌링턴 백작과 건축가 윌리엄 켄트William Kent(1685-1748)가 신 팔라디오 양식을 유행시킨 선구자인 셈이었다.

벌링턴 경과 윌리엄 켄트, 이 두 사람의 인연은 이탈리아 그랜드 투어에서 시작되었다. 18세기 부유한 영국 귀족 자제들은 프랑스를 거쳐 이탈리아로 그랜드 투어를 떠나는 것이 관례였고 벌링턴 경도 예외가 아니었다. 그는 그랜드 투어를 다니면서 많은 미술품을 수집하였고, 건축에도 전문가 못지않은 식견을 갖추었으며, 많은 작가와 예술가들을 후원함으로써, 18세기 초 영국 문화계에서 이미 '미친 존재감'을 발휘하던 인물이다. 한편, 켄트는 요크셔 지역에서 미술 장학생으로 선발되어 이탈리아로 유학 가서 화가의 길로 들어섰다. 그랜드 투어를 하다가 켄트를 알게 된 벌링턴 경은 이 젊은 화가를 적극적으로 밀어주었다. 그러나 켄트는 그림에서는 큰 재능을 발휘하지 못했는데, 벌링턴 경은 그를 끝까지 보듬으며 그에게서 건축에 대한 재능을 발견하고 켄트를 당시에 둘째가라면 서러울 만큼 유명한 건축가로 키워냈다. 켄트의 인생에서 벌링턴 경을 만난 것은 크나큰 행운이었다.

정치가이자 작가인 호러스 월폴Horace Walpole이 벌링턴 경과 켄트를 두고 "예술의 아폴로 신"과 "그의 신실한 성직자"라고 표현했을 만큼 둘은 서로에게 충실한 관계였다. 벌링턴 경과 피 한 방울 섞이지 않은 켄트가 사후에 벌링턴 가문이 잠들어 있는 치즈윅 교회에 묻힌 것만 보아도, 벌링턴 가문이 켄트를 가족이나 다름없이 대접했음을 알 수 있다.

치즈윅 하우스를 바라보니 아폴로의 전당답게 차가운 고전미가 감돈다. 팔라디오 양식 빌라의 일반적인 특징인, 줄지어 늘어선 고전 양식의 기둥과 그 위에 얹은 삼각형의 박공이 이루어 낸 정면의 포티코portico(기둥이 늘어선 현관 또는 회랑으로, 요즘의 발코니 같은 공간이다. 팔라디오는 '로지아'라고도 불렀다)가 맨 먼저 눈에 들어온다. 팔라디오는 그의 대표작 '라 로톤다La Rotonda'에 건물 네 면에 똑같이 이 포티코를 두었다. 팔라디오를 역사에서 가장 유명한 건축가로 남게 한 그의 저서 「건축 4서」에서, 그는 포티코를 사면에 둔 것은 아름다운 전망을 여러 방향에서 즐기게 하기 위해서라고 밝혔다.

라 로톤다 못지않게 빼어난 경관을 자랑하는 치즈윅 하우스에서 포티코 기둥에 기대어 서서 상쾌한 공기와 풀 내음을 맡으며 눈을 지그시 감은 채 바람에 몸을 맡겨 본다. 얼핏 보면 치즈윅 하우스는 팔라디오의 라 로톤다를 연상시키지만 요모조모 뜯어보면 육각형의 돔이나 빌라의 전체적인 윤곽이 팔라디오의 제자 빈첸초 스카모치Vincenzo Scamozzi가 지은 빌라, '로카 피사니Rocca Pisani'를 빼 닮았다.

스카모치는 팔라디오가 남긴 여러 미완성 작품을 마무리했을 뿐더러 독창적인 작품이 꽤 많은데도 역사에 묻힌 인물이다. 자신의 자식을 아홉이나 낳은 여자와 끝까지 결혼하지 않은 '나쁜 남자'인데다 성격도 고약하고 스승이 죽은 뒤 스승을 폄하하는 발언을 일삼았다는 등 부정적인 일화만 무성하다. 팔라디오는 영원한 아르카디아(무릉도원)의 면모를 지녔다는 '라 로톤다'를 남겼지만, 제자와는 영원한 관계로 남지는 못했나 보다. '그래도 당신의 작품이 머나먼 영국에서 수백 년에 걸쳐 태어나고 또 태어났으니 너무 섭섭해하지 마세요.' 치즈윅 하우스에서, 팔라디오에게 위로의 말을 건네 본다.

팔라디오의 제자 스카모치가 지은 빌라, 로카 피사니.

치즈윅 하우스가 팔라디오든 스카모치든 이들의 작품과 상당히 닮은 것은 사실이지만 그렇다고 해서 이들의 빌라를 완전히 베낀 것은 아니다. 포티코로 향하는 계단은 지면에서 단숨에 오르는 것이 아니라 쉬었다가 반대 방향으로 꺾이는 것이 드레스 속 페티코트가 겹겹이 나풀거리는 듯하다. 아무리 보아도 건물 전체의 크기에 비해 계단이 지나치게 크고 복잡한 것이 오페라 무대 같다. 마치 아귀의 큰 입처럼 유독 한 부분이 큰 것은 원조를 모방할 때 흔히 나타나는 강조 또는 과장의 오류인가 하는 생각도 잠시, 차츰 켄트와 벌링턴 경이 의도적으로 그랬을 것이라는 쪽으로 심증이 굳어진다. 이들이 단순히 모방하기에는 고전 건축에 대한 식견이 높기도 했으려니와, 켄트가 디자인한 가구들도 비슷한 특징을 띠기 때문이다.

켄트의 디자인 스타일이
잘 표현된,
독수리 받침 협탁.

예컨대 켄트의 대표작으로 손꼽히는 독수리 받침 협탁은 날개를 편 커다란 독수리가 대리석 상판을 떠받들고 있다. 상판에 비해 받침대인 독수리 크기가 상대적으로 큰 것이 치즈윅 하우스의 계단과 일면 닮았다. 로마를 상징하는 독수리는 그 자체가 하나의 조각품인 양 두꺼운 받침 위에 올라 앉았다. 한편, 가구 전체를 조각하고 금도금을 해서 화려하기 이를 데 없는 것 또한 신 팔라디오 양식의 특성인데, 아칸서스 잎에 둘러싸인 가면을 모티브로 한, 켄트의 또 다른 협탁은 어쩐지 현대의 패션 디자이너 베르사체를 연상시킨다. 켄트는 이처럼 독수리, 아칸서스 잎, 마스크, 창살 무늬의 일종인 그리스 키Greek key, 조개 같은 고전적인 소재를 큼직하게 조각하기를 즐겼다. 얼마나 큼직한지 거짓말 살짝 보태어 말하면, 조개의 크기가 보티첼리의 비너스가 실제로 타고 온 것이라 해도 믿을 정도다.

치즈윅 하우스를 위해 켄트가 디자인한 협탁.

마스크 가면이나 조개를 중심으로 양쪽에 꽃줄이나 아칸서스 잎을 대칭으로 늘어뜨린 것도 켄트의 특징적인 디자인이다. 조각도 큼직한데다 대리석까지 얹어 옮기기 힘들 만큼 무거운 이 가구들은 디자인할 때부터 놓을 자리를 염두에 두었다.

대리석 상판을 얹은 탁자. 마스크와 조개 모티브를 중심으로 양쪽에 장식 조각이 대칭을 이룬 것은 켄트의 전형적인 디자인 방식으로 '신 팔라디오 양식'을 대표한다.

켄트가 디자인하고 조각가 구엘피가 만든 신 팔라디오 양식의 탁자. 탁자를 큰 거울과 함께 놓는 것은 이탈리아 팔라초와 빌라에서 하던 방식 그대로이다.

켄트가 디자인한 의자 한 쌍. 등받이에는 풍요의 뿔, 좌석 테두리에는 그리스 키, 다리 사이에는 조개와 꽃줄 같은 고전적 모티브를 조각했다.

이처럼 윌리엄 켄트의 가구 디자인은 이탈리아의 팔라초나 빌라, 또 유적 발굴 현장의 조각들에서 영감을 얻고 거기에 자신의 상상력을 동원해 새롭게 창안한 양식이다.

치즈윅 하우스는 각각의 방이 마치 로마 신전의 축소판인 듯 저마다 화려하고 고전적인 위용을 뽐낸다. 특히 천장이 화려하기 이를 데 없는데, 화랑의 천장은 이니고 존스가 1619년에 디자인한 뱅퀴팅 하우스와 닮았고, 푸른 벨벳 방의 천장은 16세기 이탈리아의 디자인을 본뜬 것이다.

오랫동안 고개를 뒤로 젖힌 채 천장을 감상하다 보니 목이 뻣뻣하니 아파 오지만, 화려하고 섬세한 장식에서 좀처럼 시선을 뗄 수가 없다. 천장을 올려보면서 돌아다녀도, 가구들을 모두 벽 쪽으로 붙여 둔 덕에, 발이 가구에 걸릴 염려는 없다. 애초에 벽에 붙여 둔 탁자뿐 아니라 의자들도 쓸 때가 아니면 모두 벽에 일렬로 세워 두었다. 켄트가 디자인한 가구들은 손때 묻은 세간으로서가 아니라 대리석 조각품들과 함께 차가운 신전과도 같은 이곳을 묵묵히 지키는 수호천사로서 방문객을 조용히 지켜보고 있는 듯했다.

실용성이나 사람의 온기가 느껴지지 않는 이곳의 2층에는 침실이 있지만 벌링턴 경이 실제로 사용한 적은 거의 없다. 심지어 이 집에는 부엌도 딸려 있지 않다. 그러니까 이곳은 집이라기보다는 벌링턴 경이 수집한 작품을 전시하기 위한 화랑을 겸한 연회 공간이었지 싶다.

치즈윅 하우스의 화랑. 다이아몬드 무늬의 반원 격자 천장은 로마의 비너스 신전(해와 달 신전)을 모방한 것이다. 가로, 세로로 각각 삼등분한 천장의 구조와 디자인은 이니고 존스가 1619년에 디자인한 뱅퀴팅 하우스의 영향을 받은 것이다.

벌링턴 경이 서재로 쓰던, 푸른 벨벳 방의 전경.

붉은 벨벳 방의 전경.

어떤 이들은 벌링턴 경과 켄트가 프리메이슨 단원이었고 이곳을 그들의 모임 장소로 사용했다고도 주장한다. 프리메이슨Freemason은 1717년 런던에서 계몽주의 정신을 기조로 결성된 세계시민주의적, 인도주의적 우애를 목적으로 한 민간 단체로, '로지lodge(작은 집)'라는 집회를 단위로 구성된 중세의 석공 길드(메이슨)에서 비롯되었다. 종교적 관용을 중시하며, 자유주의, 개인주의, 합리주의적 입장을 견지한 까닭에 가톨릭 교회와 정부가 탄압하였고, 그러면서 비밀결사체의 성격을 띠게 되었다.

아닌 게 아니라, 프리메이슨을 상징하는 모티브들이 숨은 그림 찾기처럼 곳곳에 박혀 있다. 붉은 벨벳 방(Red Velvet Room)의 붉은색은 로얄 아치Royal Arch라는 단체(로지)의 색이고, 벽난로에 새겨진 작은 장미와 엉경퀴꽃은 벌링턴 경이 자코바이트Jacobite(스튜어트 왕가 지지자)임을 상징하고, 벌링턴 경이 서재로 사용하던 푸른 벨벳 방(Blue Velvet Room)의 푸른색은 '블루 메이슨'으로 알려진 크라프트 로지Craft lodge의 색이라고 볼 수도 있다. 그러나 18세기 많은 영국 귀족이 프리메이슨에 가입했지만 그 활동 내용은 비밀에 부쳤기 때문에, 이 방들이 실제로 그들의 회합에 사용됐는지 여부는 단언하기 어렵다. 집 내부뿐만 아니라 정원의 구조도 프리메이슨의 의식에 맞추어 설계했다는 주장도 있지만 구체적인 것은 알 길이 없다.

치즈윅 하우스의 정원은, 클로드 로렌Claude Lorraine이나 니콜라 푸생Nicolas Poussin의 아카데미 풍경화처럼, 작은 신전이며 조각품이 자연과 더불어 그

클로드 로렝(1600-1682)의 풍경화, '아폴로의 신전에서 희생당하는 프시케의 아버지.' 캠브리지 셔의 앵글시 수도원 소장.

림처럼 어우러져 있다. 깎고 다듬은 인위적인 정원 대신에, 자연 풍경을 재현한, 이른바 '영국식 풍경 정원(Landscape Garden)'을 탄생시킨 사람이 바로 켄트다. 뒤에 케이퍼빌리티 브라운이 풍경 정원을 큰 규모로 발전시켜 18세기 정원의 간판 스타가 되었지만, 선구자로서의 켄트의 공이 퍽 크다. 졸졸 흐르는 작은 강, 반원형 엑시드라(실외 벤치), 오렌지 나무 정원, 사방으로 뻗어 있는 오솔길, 이곳 정원을 걷다 보면 어느덧 세상 시름이 다 사라지고 마치 다른 세계에 발을 딛고 있는 듯 아득하고 몽롱하다. 벌링턴 경과 켄트가 함께 꿈꾸던 낙원은 과연 어떤 것이었을까.

아르카디아(무릉도원)의 수호신이자 지혜의 상징인 스핑크스가 치즈윅 하우스의 1층을 지키고 있다. 본래 정원에 놓여 있었다. 수수께끼를 맞히지 못하면 안으로 들이지 않을 듯한 위엄을 내뿜는다.

Fenton House

펜튼 하우스

자기인형들과 한바탕 왈츠를 추다

주소 Hampstead Grove, Hampstead, London, NW3 6SP
전화 020 7435 3471
개관 3월 3일-10월 30일 11시-17시
입장료 일반 6.50파운드, 어린이 3파운드, 가족 16파운드
윌로우로드2번지와 함께 관람할 경우 9파운드

런던의 북쪽 햄스테드 지역은 서울로 치면 성북동쯤 되는 곳이다. 도심에서 조금 떨어진 언덕바지에 있다는 지리적 특성부터 그러하거니와 예부터 문인과 예술가들이 모여 살던 곳이라는 점이며 지금은 조용한 부촌이라는 점도, 또 유명한 공동우물이 있는 점도 성북동과 꽤 닮았다.

18세기에 햄스테드에 살았던 대표적인 문인으로는 존 키츠John Keats를 들 수 있다. 우리가 런던에 도착하던 날, 전부터 더러 신세를 지던 파키스탄 출신의 운전수 칼라드가 여느 때와 다름없이 환한 웃음과 함께 히드로 공항으로 마중을 나와 주었다. 늘 그러듯이 그는 나에게 그동안의 생활과 이번 일정에 대해 쉴 새 없이 물어 왔다. 이번에는 회사 일이 아니라 책을 쓰기 위해서 왔노라고 하자, "빤따스틱(fantastic)!"을 연발하며 어디를 다닐 거냐고 물었다. "햄스테드에 있는 펜튼 하우스를 필두로 해서 런던 안팎의 여러 곳"이라고 하니, "오! 햄스테드! 내 아내가 그 동네 '키츠 약국' 약사예요. 키츠 알죠? 뻬이머스 포잇(famous poet)! 그 시인이 유명해서 약국 이름도 키츠예요. 유명한 약국이죠. 그렇다고 내 아내가 유명한 건 아니고, 하하하!" 그의 말은 '수다맨'이 울고 갈 만큼 빠르게, 인도와 파키스탄 쪽 사람들 특유의 된소리로 이어졌다.

다음 날 아침 펜튼 하우스에 가니 철문이 굳게 닫혀 있었다. 화려한 철문과는 달리 문틈 사이로 언뜻 보이는 붉은 벽돌집과 대문 기둥은 다소 소박한 느낌이었다. 간판도 없는 탓에 과연 이 집이 맞는지, 허탕을 치는 건 아닌지 내심 걱정하며 한참 기웃거리자 관리인이 나와 대문을 열어 주었다. 그에게 철문 디자인이 예사롭지 않다고 했더니 햄튼코트 궁전과 세인트 폴 대성당의 철문을 디자인한 쟝 티주Jean Tijou의 영향을 직접적으로 받은 문이라 했다.

긴 자갈길을 따라 집 입구에 다다르자 우리를 맨 처음 반긴 것은 싱싱한 채소가 담긴 수레였다. 수레에 채소를 담은 꼴이 어찌나 예쁜지 처음에는 모형인 줄 알았다. 자세히 보니 '순무 한 개에 50펜스(약 900원), 상추 한 단에 1파운드, 루밥 한 꾸러미에 1파운드, 아티초크 작은 것은 1.5파운드, 큰 것은

현관에서 채소를 수레에 보기 좋게 실어 놓고 팔고 있다. 이 채소들은 이곳 텃밭에서 기른 것들이다.

2파운드'라고 적힌 가격표가 보였다. 바로 집 뒤 텃밭에서 기른 것이라고 했다. 채소가 금방이라도 밭으로 걸어 들어갈 듯이 싱싱한데다 값이 무척 싸서 놀랐다. 서울 같으면 생각할 것도 없이 냉큼 샀을 테지만, 아쉬움을 뒤로 하고 집 안으로 들어갔다.

1층 오른쪽 방에 들어서니 두 개의 벽감 속에 도자기 인형이 빼곡히 들어차 있다. 오른쪽에는 주로 유럽 자기의 원조라고 불리는 마이센Meissen 자기 인형들이, 왼쪽에는 그 영향을 받아 만든 영국 자기들이 보기 좋게 진열되어

도자기 인형들이 가득 전시된 벽감 장식장 두 개가 커보드 대신 방을 아름답게 장식하고 있다.

마이센 자기 인형 '할리퀸.' 마이센의 대표적인 모형 제작자 캔들러의 작품으로서 이탈리아 연극 '코메디아 델 아르테'에 등장하는 광대를 재현한 것이다. 1738년 작.

영국 첼시 자기 인형 '음악 수업.' 프랑스 화가 부쉐의 그림에서 따온 것이다. 단순한 마이센의 받침과는 달리 배경에 화사한 꽃 장식을 붙여 인형을 지탱하게 했다. 1765년쯤 작. 업튼 하우스 소장품.

있었다. 마이센은 오늘날의 독일 드레스덴 부근에 있는 곳으로 이 지역의 제후였던 아우구스투스(Augustus the Strong)가 1710년에 설립한 자기 공방의 이름이기도 했다. 일본 자기 수집광이던 그는, 연금술사 뵈트거Böttger를 지하 방에 가두고서 중국 자기와 똑같은 품질의 자기를 만들게 하였다. 여덟 해 남짓 실험 끝에 1708년 뵈트거는 마침내 중국 자기와 같은 단단한 '경질 자기'를 완성했고, 이듬해 그 성과가 공식적으로 발표됐다. 그러나 뵈트거는 오랜 감금 생활에서 풀려나 자유의 몸이 되자마자 곧 세상을 뜨고 말았다.

그 뒤 1720년대부터 마이센 자기가 본격적으로 유럽 시장을 장악했고, '시누아즈리(중국풍)' 스타일의 찻잔과 접시 등이 큰 인기를 누렸다. 마이센의 전성기를 가져온 것은 캔들러J.J.Kändler라는 조각가의 뛰어난 손재주 덕분이었다. 그는 1733년부터 마이센 공방의 '모형장(chief modeler)'으로 일하면서 섬세한 자기 인형을 탄생시켰다. 자기 인형이 유럽 시장에서 인기를 얻자 캔들러를 비롯한 모형장들은 접시에 그림을 그리는 화가보다 훨씬 더 중요한 위치를 차지하게 되었다. 특히 캔들러가 빚은 인형은 팔, 다리의 움직임이 자연스러울 뿐만 아니라 역동적인 움직임의 순간을 잘 포착해 표현한 것이 특징인데, 이러한 특징은 다른 지역의 모형장들이 아무리 따라하려 해도 도저히 흉내 낼 수 없었다. 캔들러의 작품은 또한 밝은 노랑, 검정, 빨강과 같은 강렬한 색상을 즐겨 써서 흔히 '바로크 스타일'의 자기로 분류된다.

자기 인형은 처음에는 귀족들의 테이블을 장식하는 설탕 인형에서 유래했다. 귀족들이 즐겨 보던 연극의 주인공이나 과일, 생선 따위를 파는 거리의 행상 또는 신화 속 인물들을 주로 묘사한 그 인형들은 테이블을 아름답게 꾸밈으로써 보는 이의 눈을 즐겁게 했을 뿐만 아니라, 대화

은제 뚜껑이 달린 마이센 자기컵.

를 이끌어 내는 소재가 되어 좌중의 분위기를 돋우는 역할도 했다. 그저 먹고 치우기 바쁜 오늘의 우리 식습관과 사뭇 대조되는, 여유롭고 우아한 식탁 문화가 아니겠는가.

'거리의 행상'을 묘사한 인형들은 하나같이 예쁘고 즐거운 표정을 짓고 있는데, 팍팍한 서민의 삶을 이해하지 못한 상류층의 시선을 대변한다. 사회계층 사이의 이런 간극이 지금은 좀 좁혀졌을까 모르겠다. 한때 식탁을 아름답게 수놓던 이 인형들이 이제는 장식장에 갇힌 채 마법에 걸린 동화 속 주인공처럼 영원의 자세를 취하고 있다. 식탁 위를 자기 인형으로 장식하는 유행이 되살아나면 혹시나 마법에서 풀릴 수 있을거나.

왼쪽 벽감에 놓인 영국 자기 인형들은 마이센에 견주어 대부분 경직된 자세로 서 있지만 그런대로 소박한 매력이 있다. 가마에서 구울 때 잘 무너지는 연질 자기의 단점을 보완하기 위해, 인형을 지탱하는 받침을 크게 만드는 경향이 있었는데, 배경에 '보카즈bocage'라는 꽃 담장을 펼쳐 지지대로 삼아서 마치 인형들이 숲 속에 있는 듯한 모습이다.

월터 시커트의 유화. 생동감 있는 붓놀림으로 익살스런 자세를 표현했다.

자기 인형들이 가득 들어 있는 벽감 맞은편에는 월터 시커트Walter Sickert의 유화 한 점이 걸려 있다. 한 쌍의 남녀가 한껏 흥에 취한 장면을 포착하고 있는 이 그림은 18세기 프랑스 화가 와토Jean A.Watteau를 연상시킨다. 그러나 어딘가 모르게 쓸쓸하고 우울한 와토의 인물들과는 달리 이 그림은 유쾌하다. 입체적인 자기 인형과 평면적인 그림이 절묘하게 어우러지는 배치다.

1층에서 자기 인형들과 눈으로 한바탕 왈츠를 추고 나서 2층에 오르니 눈이 절로 시원해지는 '푸른 자기 방(Blue Porcelain Room)'이 나온다. 이 집의 여주

펜튼 하우스의 거실.

인이던 비닝Binning 여사가 침실로 쓰던 이 방은 한쪽 벽면이 중국 청나라 때의 청화백자로 가득 채워져 있다. 크림색의 실내와 대조를 이루는 청화백자의 푸른색! 이 배색이 어찌나 멋들어진지, 인테리어 전문가들이 크림색과 푸른색의 조합을 그토록 즐겨 쓰는 까닭을 저절로 깨닫게 한다. 그리고 같은 색의 물건을 한데 모아 두면 시각적인 효과가 크다는 조언도 쉽게 수긍하게 된다. 이들 청화백자는 비닝 여사의 삼촌인 조지 솔팅George Salting으로부터 물려받은 것으로 추정된다. 솔팅은 빅토리아 알버트 박물관과 내셔널 갤러리에도 수많은 작품을 기증한 19세기의 거물급 수집가였다.

중국 청나라 강희제 때의 청화백자가 한 면에 가득 전시되어 있는 파란 방.

자기를 처음 접한 17세기 유럽인들은 네덜란드 동인도회사를 통해 수입된 중국 청화백자에 열광했다. 흰 바탕에 코발트 안료를 써서 그린 푸른색 무늬 때문에 이러한 자기를 '블루 앤드 화이트Blue & White'라고도 하는데, 오랫동안 이를 모방한 여러 유사 상품이 만들어져 왔다. 특히 프랑스, 네덜란드, 영국 등지에서는 비록 그 성질은 질박하지만 청화백자의 색상과 느낌을 성실하게 모방한 주석 유약 도기를 생산해 17세기 중국 자기에 대한 수요를 충당했다. 그 뒤 18세기 중반부터는 영국에서도 자기를 만들 수 있게 되었고, 스포드Spode 같은 자기 회사들이 동양의 풍경을 판화처럼 찍어 낸 청화 자기를 생산해 꾸준한 인기를 누리면서부터 청화 자기는 영국의 자기 전통에서 빼놓을 수 없는 고전 아이템이 되었다. 청화 자기가 그토록 오랫동안 사랑받은 까닭은 아마도 한때는 흉내 낼 수 없던 신비의 색인 데에다 프랑스와 영국의 왕실이 짙은 '로얄 블루'를 선호했기 때문일 것이다. 아니, 어쩌면 '블루 앤드 화이트' 단색조의 단순함이 좀처럼 싫증 나지 않아서일지도.

이 집에는 또 곳곳에 피아노 이전 시대의 건반악기들이 놓여 있다. 16세기에서 18세기 사이에 제작된 하프시코드harpsichord(쳄발로), 버지널virginal, 스피넷spinet과 같은 이들 옛 건반악기들은 어느 고악기 수집가가 열정적으로 모은 수집품으로, 내셔널 트러스트에 기증된 것이다. 영국에서는 이처럼 평생 자신이 모은 소장품을 국가나 단체에 헌납하는 예가 참으로 많다. 개인이 오랜 세월 수집한, 그 많은 탁월한 소장품을 쾌척하는 일은 그 사람의 세월을 고스란히 내려놓는 셈인 만큼 한층 더 각별하다.

펜튼 하우스 식당에 있는 하프시코드.

하프시코드는 겉모습이 오늘날의 그랜드 피아노와 닮았다. 피아노는 해머가 현을 치지만, 하프시코드는 건반을 누르면 '잭jack'이라고 부르는 나무 조각이 올라가면서 여기에 붙어 있는 플렉트럼plectrum이 현을 튕겨 소리를 낸다. 버지널은 직사각형의 상자 모양으로 생겼으며 15세기 무렵에 등장했다. '버지널virginal'이라는 이름은 키key의 끝 부분에 걸려 있는, 현을 뜯는 나무 막대기 장치에서 유래했다. 곧, 어린 나무, 막대기를 가리키는 라틴어 '비르가virga'에서 비롯된 이름이다. 버지널은 뚜껑 안쪽이나 틀 전체를 아름답게 장식한 것이 많은데, 내가 좋아하는 화가 베르메르의 그림에도 자주

버지널에 앉아 있는 어린 소녀, 얀 베르메르Jan Vermeer 작, 1670년 무렵.

나오는 악기다. 스피넷은 셋 중에서 가장 크기가 작고 하프시코드와 버지널과는 달리 현이 건반과 30도쯤의 각도로 기울여져 놓여 있다.

이 건반악기들이 내는 소리는 어떨지 궁금해하고 있는데 마침 안내원이 녹음된 음악을 들려주었다. 가야금 소리와 흡사한 소리가 끊어질 듯 이어지며 온 집 안에 울려 퍼진다. 이 음악에 맞춰 1층의 자기 인형들이 사뿐 사뿐 춤을 출 것만 같다.

발코니로 나오니 런던 시내가 한눈에 들어온다. 숨이 탁 트이면서 생각이 일시에 멈춘다. 가볍게 떠돌던 걱정과 근심이 가냘픈 음악 소리에 실려 바람에 흩어진다. 키츠의 '오래도록 도시에 갇혔던 사람에게' 라는 시가 생각난다.

오래도록 도시에 갇혔던 사람에게
아름답게 열린 하늘의 얼굴을 보는 것,
창공의 미소로 가득 찬
탄성을 들이쉬는 것은 매우 달콤하다.
지친 그가 마음 흡족히,
물결치는 풀들의 즐거운 보금자리에 누워
사랑과 그리움이 담긴 사근사근하고 정다운 이야기를
읽을 때
누가 이보다 더 행복하겠는가?

집 뒤 정원으로 나오니, 잘 다듬어진 정원수와 색색의 꽃들이 사람을 반긴다. 계획적으로 심고, 정성스레 관리하고 있음이 역력했다. 이처럼 영국 정원은 '인위적인 자연스러움'을 표방하는 것이 특징이다.

1686년에 지어진 이래로 펜튼 하우스에는 18세기 당시 부유한 중산층으로 살던 법률가, 상인, 무역업자들이 거쳐갔다. 정원에서 바라본 이 집은 풍채가 다부졌다. 어쩐지 지난날 이 집에서 살던 실속파 주인들을 닮았다는 생각이 든다. 집이 사람을 닮고 사람은 집을 닮는 걸까.

야무지게 생긴 벽돌집과 잘 다듬어진 정원이 어우러져 아름답다..

Leighton House Museum

레이튼 하우스

예술가의 정신이 깃든 화가의 집

주소 12 Holland Park Rd, London, UK W14 8LZ
전화 020 7602 3316
홈페이지 www.rbkc.gov.uk/leightonhousemuseum
개관 10:00-17:30 (화요일 휴관). 무료 가이드: 매주 수요일 오후 3시.
입장료 성인 5파운드, 할인(60세 이상, 16세 이하, 학생) 3파운드
입장권 12개월 동안 재사용 가능. 내셔널 트러스트 회원 50% 할인.

회색 도시에 생동감을 주는 런던의 빨간 버스는 교통수단이라기보다는 놀이공원의 기구 같다. 특히 버스의 2층 맨 앞자리에 앉으면 전망이 탁 트여 관람차라도 탄 것 같은 기분이다. 때때로 가로수 나뭇가지가 창문을 툭툭 건드리는 것도 꽤 낭만적이다.

9번 버스를 타고 켄징턴 궁전 앞을 지나니 잠시 다이아나 왕비가 생각난다. 그가 없는 궁전은 겉보기에 여전히 무심하고 냉랭하다. 다이아나 비의 오빠는 그의 장례식에서 사냥의 여신이 평생 사냥만 당했던 모순을 언급하며 비통해했다. 다이아나 비는 파파라치의 카메라 세례도 모자라 결국 목숨으로 유명세를 치렀다. 그런가 하면, 거꾸로 한때 높은 인기를 누리다가 대중에게서 외면당하면 스스로 목숨을 끊는 이도 있다. 세간의 주목을 받을 일도, 구할 일도 없는 내 영혼은 빨간 버스처럼 표표히 거리를 누빈다.

홀랜드 공원을 오른쪽에 끼고 걷다가 길을 꺾어 한적한 주택가 골목으로 접어들자 붉은 벽돌의 레이튼 하우스가 평범한 여느 집들마냥 작은 현관을 열고 있다. 이곳은 19세기의 화가 프레데릭 레이튼 경(Lord Frederic Leighton)의 집이자 작업실인 '스튜디오 하우스'였는데, 지금은 그의 작품을 전시하는 박물관으로 쓰인다.

레이튼 경은 빅토리아 시대에 상상 이상으로 큰 명성을 누린 사람이다. 부유한 가정에서 자란 그는 러시아의 궁정 주치의이던 아버지한테서 평생토록 생활비를 얻어 썼다. 그야말로 은수저를 입에 물고 태어난 사람이다. 그의 아버지는 '뛰어난 예술가'가 되지 않을 바에는 예술은 아예 하지 않는 게 낫다고 강조했다. 레이튼 경은, 그런 아버지의 우려 섞인 기대에 걸맞게, 유럽에서 유학을 하고 영국 로얄 아카데미의 일원으로서 자리잡더니 급기야는 회장 자리까지 올랐다. 로얄 아카데미 회장이라는 미술계 최고의 권력자 집과 이웃하기를 원하는 화가가 줄을 잇는 바람에 그의 집 주변 일대가 화가촌을 이루었는가 하면, 길거리에는 그림 모델로 뽑히고 싶은 젊은 여자들이 어슬렁거리는 진풍경도 벌어졌다.

레이튼 경은 신화와 성경의 장면을 바탕으로 한 '역사화'를 주로 그렸다. 이것은 당시의 보수적인 아카데미 화풍을 잘 대변한다. 그는 독일에서 처음 그림을 배우고 이탈리아 피렌체를 거쳐 네 해 동안 파리에 머무는 동안 앵그르, 코로, 밀레, 들라크루아 같은 화가들과 교류하면서 고전 예술을 두루 섭렵했다. 런던으로 돌아온 뒤에도 그는 라파엘로 전파*들과 함께하며 예술의 방향을 르네상스와 고전 미술에 두었다.

레이튼 경은 그림을 그릴 때 캔버스에 인물의 누드를 사생하고 나서 그 위에 옷을 입히고, 색을 칠하는 식으로 단계별로 쌓아 가며 그리는 독특한 방식을 취했다. 그래서 작품을 완성하는 데 엄청난 시간이 걸렸지만, 피부 톤이며

---

*라파엘 전파(the Pre-Raphaelites): 19세기 중엽 영국에서 일어난 예술운동. 헌트, 로세티 등을 중심으로, 라파엘 이전의 르네상스 예술을 본받아 사실적이고 소박한 화풍을 지향했으나, 십 년이 못 되어 활동을 멈추었다.

옷감, 옷 속으로 슬며시 비치는 살결 표현이 무척 사실적이다.

빅토리아 여왕은 직접 레이튼 경의 작품을 구매했을 뿐만 아니라 1878년에는 그를 위해서 없던 작위를 새로 만들었다. '제1대 남작'이 그것인데, 비록 받은 지 하루 만에 세상을 떠났지만, 화가로서 이 작위를 받은 사람은 레이튼 경뿐이다. 게다가 1900년 파리에서 열린 박람회에서는 그의 작품이 영국 대표로 전시되었으니, 아버지의 바람대로 당대의 '뛰어난 화가'가 된 것이 분명하다. 이제는 많은 이들의 기억에서 잊혀진 화가가 되었지만.

레이튼 경은 이 집을 건축가인 친구 조지 애치슨George Aitchison에게 맡겼다. 1864년에 짓기 시작해 들어가 사는 동안에도 계속해서 집을 확장했다. 이 집에 대한 그의 구상은 르네상스 시대 베네치아의 팔라초(귀족들이 거주한 집)와 같은 모습이었다. 그는 특히 방문객이 처음 접하는 공간인 현관 홀에 신경을 쏟았다. 현관 홀을 에워싼 웅장한 대리석 기둥이며 바닥의 대리석 모자이크 타일은 이곳에 들어오는 사람을 예를 갖추어 맞이하는 듯하다.

현관 홀에서 이어지는 '나르시스 홀'은 방 한가운데 놓인 나르시스 동상에서 따온 이름이다. 레이튼 경은 자신의 아름다움에 도취되어 호수에 빠졌다는 나르시스의 신화를 이 공간에 입체적으로 연출하였다. 아름다운 동상과 호수의 물처럼 일렁이는 푸른 타일, 그리고 바닥에 피어난 수선화 타일이 마치 연극의 시작과 끝을 압축시킨 암호인 듯 드라마틱하다.

'음악', 프래드릭 래이튼 작. 1883-85년.

현관 홀 전경.

아랍 홀 전경.

1877년에 시작하여 1881년에 완성한 '아랍 홀The Arab Hall'은 레이튼 경의 높은 명성을 상징하는 공간이다. 수백 장의 푸른빛 이슬람 타일, 격자 창틀에서 새어 나오는 나른한 빛, 모스크 양식의 황금빛 천장, 방 한가운데 있는 사각 분수가 방문객을 모로코의 이국적인 풍경으로 이끈다. 분수의 물소리가 잠자던 청각을 일깨운다. 규칙적으로 떨어지는 물소리가 조용히 네 마음의 소리를 들으라고 종용하는 듯하다. 레이튼 경은 시리아와 터키를 여행하며 그곳 예술에 흠뻑 매료되었다. 그곳에서 구한 16, 17세기 이즈닉 타일 수천 장과 카이로에서 가져온 나무 격자 창틀로 아랍의 정취를 고스란히 살렸다.

아랍 홀의 금빛 돔 천장과 스테인드 글라스 창문.

2층의 실크 룸The Silk Room에 설치된 격자창 '마슈라비야Mashrabiya'가, 들라크루아의 하렘harem*처럼, 1층의 이 아랍 홀을 내려다 볼 수 있는 은밀하고 우아한 공간을 연출한다. 아랍 홀은 레이튼 경의 표현에 따르면 "가끔씩 바라볼 수 있는 아름다움을 위해서 덧붙인 작은 공간"이지만, 사실은 그가 수집한 수많은 이즈닉 타일을 전시하기 위해 마련한 곳이다.

*하렘은 이슬람 국가에서 부인들이 거처하는 방으로, 외간 남자들의 출입이 금지된 장소이다. 들라크루아는 1832년에 외교사절단의 수행원으로 모로코에 다녀오다가 알제리 항구에서 어느 선주의 하렘을 비밀리에 방문하였고, 그때 본 하렘의 이국적이고 나른한 실내 풍경을 묘사한 '알제리의 여인들'이라는 걸작을 남겼다.

아랍 홀의 벽 장식 세부. 월터 크레인 디자인의 금색 모자이크와 이즈닉 타일로 장식하였다.

레이튼 경은 아랍 홀을 지으면서 시칠리아 섬 팔레르모에 있는 치사 성(La Zisa)의 디자인을 빌어 왔다. 움푹 들어간 벽감과 뾰족 아치, 벽면의 금색 모자이크 띠 장식, 가운데 사각 분수까지 많은 것이 치사 성과 흡사하다. 홀 입구 위에 흘려 쓴 아랍 글씨는 천지창조에 관한 코란의 운문으로, 타일로 연결하여 완성하였다. 정형화된 꽃무늬의 이즈닉 타일 위에서 띠를 이룬 금색 모자이크는 월터 크레인Walter Crane의 디자인이다. 크레인은 이 모자이크 띠 장식을 디자인할 때 치사 성의 사진을 보면서 응용하여, 새, 도롱뇽, 사슴, 상상 속 동물을 등장시켜 유희적으로 표현했다. 천장은 치사의 복잡한 문양 대신에 단순한 금색 돔 하나로 처리하였는데, 2009년에 원형을 복원하는 데에 무려 7,000장의 금박이 들었다. 검은색과 푸른색, 황금색이 빚어내는 색의 조화는 강렬한 오리엔탈리즘을 효과적으로 연출하고 있다.

이즈닉 타일의 아름다운 색채는 형용하기 어렵다. '다마스커스 도기' 또는 '페르시아 도기' 등 다양한 이름으로 불리는 이즈닉 타일은 아나톨리아 섬 서쪽에 있는 마을 이름 '이즈닉'에서 이름을 따왔다. 이즈닉 사람들은 중국 자기의 모양이나 문양을 모방하면서도 지중해의 색을 담는 것을 잊지 않았다. 코발트 블루에서부터 터키석 빛, 세이지 그린, 옅은 보라에 이르기까지 햇살이 땅과 바다에서 부서지며 만들어 내는 색을 접시와 타일이 고스란히 받아 안았다. 언젠가 낙산사 앞에서 바라본 동해의 짙은 코발트빛과 캐나다 재스퍼 호수에서 보았던 에메랄드 빛도 이렇게 눈을 시리게 했다. 영혼을 정화시키는 색, 하늘과 바다를 닮아 그토록 유현한 것인지도 모르겠다.

그 색을 가슴에 모두 품은 공작새 한 마리가 계단 홀(the Staircase Hall)에 살포시 앉아 있다. 세상에서 가장 아름다운 빛깔의 날개를 가졌으되 날지 못하는 슬픈 새, 이 박제된 공작새가 놓인, 상감 장식이 돋보이는 수납장은 레이튼 경이 터키를 여행할 때 산 것인데, 앉을 수 있도록 의자로 개조하여 난간 옆에 두었다. 그가 공작새를 이곳에 둔 까닭은 분명 이즈닉 타일과의 색채적 통일감 때문이리라.

어쩌면 이 공작새는 산업화가 낳은 빅토리아 시대의 저급한 취향을 경계하는 레이튼 경의 화신일는지도 모른다. 마찬가지로 공작새가 '미학운동'의 상징이 된 까닭도 이 아름다운 깃털 자체가 예술이기 때문이 아닐까.

다마스커스 타일 판, 16세기 후반.

오토만 제국의 술탄 마호메트 1세가 짓게 한 블루 모스크를 장식했다는 22,000개의 이즈닉 타일에 햇살이 쏟아지면 그 푸른빛 장관은 과연 어떨까. 눈을 감고, 수십 마리 공작새가 날개 짓으로 뿌리는 푸른빛을 상상해 본다.

레이튼 경은 그동안 수집한 수천 장의 타일 더미에서 수백 장을 골라 아랍 홀의 공간 디자인에 맞게 새로 그림을 구성하고, 윌리엄 드 모건William De Morgan은 운송할 때 깨진 것이나 부족한 것을 다시 만들어 타일 그림을 완성하는 지난한 과정을 맡았다. 모건은 윌리엄 모리스를 주축으로 한 미술공예 운동(Art and Crafts Movement)의 일원으로서 도기 분야에서 가장 뛰어난 작품을 남긴 사람이다. 그는 이즈닉과 초기 이탈리아 마욜리카Majolica 도기에서 영감을 얻어 유약 칠하기와 굽기를 여러 차례 거듭하며 연구한 끝에, 표면이 금빛, 은빛 광택이 어른거리는 '러스터luster' 장식을 완성했다. 특히 갤리언 범선(15-17세기 외항용 돛단배)이나 상상 속의 동물을 모티브로 한 붉은 러스터 도기는 미술공예 운동가들이 만들던 소박한 참나무 가구에 색채적 생동감을 불어넣었다. 이처럼 화려한 빛깔의 도기는 색감을 중요시하는 레이튼 하우스에서 그 진가를 유감없이 발휘한다.

윌리엄 드 모건이 만든 러스터 장식 접시.

계단 홀과 나르시스 홀에 붙인 모건의 녹청색 타일은 오래된 이즈닉 타일과 함께 어우러지며 아랍 홀과 계단 홀, 나르시스 홀을 가로지르는 축을 푸른색

레이튼 하우스 식당 전경. 벽은 물론이고 바닥까지 빨간 색은 레이튼 경의 과감한 색채 감각을 말해준다.

으로 자연스럽게 연결시키는 역할을 멋지게 해낸다. 푸른 홀과는 대조적으로 식당은 그 보색인 붉은색으로 화답한다. 벽지는 물론이고 바닥까지 온통 붉은색을 쓴 공간 연출은 레이튼 경이 예술가로서의 자신의 안목에 대해 얼마나 자신만만했는지 짐작하게 한다. 붉은 벽은 아름다운 이즈닉 접시들로 장식했는데, 지금도 레이튼 경이 처음 배열한 방식 그대로 접시들이 벽을 장식하고 있다.

레이튼 경은 화가답게 이 집의 공간에서 작업실을 으뜸으로 여겼다. 가끔 작은 음악회를 열기도 하는 이 방은 천장의 여닫이를 조절하여 원하는 양의 빛을 들일 수 있다. 본래 이 작업실에는 여기저기 저마다 모양이 다른 앤티크 의자들이 놓여 있었다. 등받이가 반원형으로 둥근 의자부터 조각이 예쁜 의자, 벨벳 천을 씌운 푹신한 안락의자에 이르기까지 그는 눈길을 사로잡는 매력적인 소품들을 사랑했다. 아마 그는 그날그날의 기분에 따라, 또 그림의 주제에 따라 맞춤한 의자를 골라 앉으며 유명한 화가로서의 존재감을 사람들에게 보여 주었을 것이다.

독특한 가구와 소품들로 채워 독창적인 분위기를 연출한 이 작업실은 다른 어떤 양식으로도 쉽게 규정할 수 없는, 레이튼 경만의 고유한 양식으로 표현했다. 마치 무대의 연출가가 자신의 의도대로 소품을 하나하나 골라 놓고 배우의 등장을 지시하듯, 이 모든 것이 화가의 미쟝셴mise-en-scéne(무대 위에서의 등장인물의 배치나 역할, 무대 장치, 주명 따위에 관한 총체적인 계획)이다.

레이튼 경의 작업실 전경.

레이튼 경이 이 작업실에서 그림을 그리는 모습을 잠시 상상해 본다.

페르시아 양탄자가 걸쳐진 병풍 뒤에서 모델이 옷을 갈아입는다. 모델을 편안하게 해 주기 위해 음악을 틀고 나서 그는 물감과 오일, 붓 따위를 준비하느라 바쁘게 움직인다. 장작 타는 냄새와 테레빈 기름의 향기가 뒤섞인 방 안은 공기가 훈훈하다. 로마 풍의 긴 옷을 걸친 한 여인이 화가 앞에서 자세를 취한다.

그러고 보니 모델이 꼭 아름다운 여자여야 할 필요는 없겠다. 오스카 와일드의 단편 '모범적인 백만장자'에 등장하는 화가의 작업실에서는 늙은 거지가 그림 모델이다. 이 소설 속의 화실도 레이튼 하우스와 같은 동네에 있다. 레이튼 경의 명성을 좇아 이사 온 화가들 가운데 한 사람일는지도 모르겠다. 주인공 휴기는 사랑하는 연인 로라와 결혼하고 싶지만 일만 파운드가 있어야만 결혼을 허락하겠다는 로라 아버지의 반대에 부딪쳐 방황하는 빈털터리 백수다. 우연히 친구의 화실에 갔다가 그곳에서 본 거지 모델이 하도 딱해 보여 금화 한 닢을 적선하는데, 이것이 나중에 일만 파운드짜리 수표로 돌아온다는 이야기다. 그 거지가 알고 보니 유럽 제일의 갑부 하우스베르크 남작이었다고.

실크 방에는 작업실에서 그렸을 자신의 그림을 위시해서 동료 작가나 그가 좋아하던 옛 거장들의 그림이 굵은 쇠사슬에 매달려 걸려 있다. 이렇게 쇠시

슬에 매달아 그림을 거는 방식은 빅토리아 시대의 전형적인 전시 방식으로서, 벽에 구멍을 내지 않고서도 그림을 걸고 또 마음대로 바꾸어 걸 수 있으며 그림의 높낮이도 수월하게 조절할 수 있는 방법이다.

실크 방의 그 많은 미술 작품들을 뒤로 하고 이어지는 그 옆방으로 들어서자, 갑자기 외부와 단절된 듯한 느낌이 들었다. 유난히 작은 그 방은, 그 무렵에 이나 벼룩의 서식을 막을 수 있어서 위생적이라고 여기던 빅토리아 시대의 철제 침대 말고는 이렇다 할 가구도 없이, 구도자의 방처럼 검박하다. "뼈 가까이에 있는 살이 맛있듯, 뼈 가까이의 검소한 생활도 멋지다." 데이빗 소로우의 「월든」에 나오는 말이 생각나게 하는 방이다.

레이튼 하우스의 침실은 처음부터 이렇게 작은 침대 하나만 놓여 있었다고 한다. 이 집에 손님이 머무를 수 있는 방이 따로 마련되어 있지 않은 것을 보면, 그는 내내 혼자이기를 작심한 사람 같다. 마치 연극이 끝나면 배우가 화려한 무대와 환호성을 보내는 관객을 뒤로하고 조용히 퇴장하듯, 침실 방문을 닫는 순간 그는 한 사람의 자연인으로 돌아가곤 했을 것이다. 화려한 명성 뒤에 숨겨진 비밀스러운 속사정처럼 그의 개인적인 삶은 철저히 장막에 가려져 있었다. 게다가 평생 가족도 없이 독신으로 지냈다. 그런 그를 두고 동성애자라는 둥, 모델과의 사이에서 사생아가 있다는 둥의 소문이 떠돌았다. 아마 장막에 감추어진 사생활이 그런 소문을 더욱 부추겼을 것이다.

레이튼 경의 침실.

외롭고 고독하지만 자유로운 영혼의 안식처, 이 침실은 레이튼 경에게 그런 안식처였으리라.

문득 반 고흐가 생각났다. 고흐가 잠시 런던에 머물며 구필 화방에서 일하던 시절에 레이튼 경은 한창 전성기를 누렸을 것이다. 작은 방에 놓인 고흐의 소박한 침대도 이렇게 오도카니 주인만을 기다렸으리라. 하루의 일과를 마친 한 남자가 내복 바람으로 조용히 자리에 누워 하얀 이불을 턱까지 끌어당기는 모습을 떠올려 본다.

레이튼 경과 고흐, 한 사람은 살아서, 한 사람은 죽어서 세상에 이름을 크게 떨쳤다. 처지가 다른 두 화가가 똑같이 밀레의 그림을 무척 좋아한 것은 진정함을 향한 아름다움을 갈구했기 때문이 아닐까. 타인의 시선을 의식하는 삶의 피곤함을 벗고 자기 자신으로 돌아오는 길을 이곳에서 배운다.

가난한 런던 유학 시절에 나를 자주 초대하여 요리도 해 주던 상냥한 덴마크 친구 레나. 그러나 나는 그 친구를 선뜻 내 초라한 반지하 방으로 데려오지 못했다. 그런데 누군가의 집을 다녀오면 그 사람이 그 공간에 어떤 모습으로 있을지 상상할 수 있어 행복하다는 그의 말에 비로소 친구를 초대할 용기가 났던 기억이 새삼 떠오른다. 레이튼 경의 침실에서 비로소 그 친구의 말을 온전히 이해할 수 있었다.

월로우 로드 2번지

모더니즘 건축의
초현실적 체험

2 Willow Road

주소 2 Willow Road, Hampstead, NW3 1TH
전화 020 7435 6166
개관 3월-10월 11시-17시 (월요일, 화요일 휴관)
입장료 어른 6파운드, 어린이 3파운드, 가족 15파운드

어느 여행자가 햇살 찬란한 런던을 보고 너무나 실망했다고 한다. 런던이라고 하면 우중충한 날씨와 레인코트를 입은 신사를 기대했기 때문이다. 런던은 확실히 흐리거나 비 오는 날이 어울린다. 특히나 문인, 화가 같은 예술가들이 사는 고급 주택가로 유명한 햄스테드Hamstead는 비 오는 날이 제격이다.

우리가 윌로우 로드 2번지를 찾아가던 날에도 햄스테드에 다다르자 때마침 비가 추적추적 내리기 시작했다. 아름답고 고풍 어린 주택들이 비에 젖어 더욱 고아한 분위기를 자아내고 있었다. 비 오는 거리를 즐기며 커피를 마시려고 길 가 카페들을 탐색했다. 만국 공통인 스타벅스 옆에 있는 '햄스테드 티룸Hamstead Tea Room'이 눈에 들어왔다. 창가에 자리를 잡고 카푸치노를 주문하자 중동 지역 출신인 듯한 주인 아저씨가 한국 사람이냐며 친절하게 말을 건넨다. 어떻게 알았냐고 묻자, 대뜸 우리말로 "두 분이 한국말을 하시길래요" 한다. 깜짝 놀라며 "한국말 잘 하시네요!" 하자, "하하, 제가 북한에 좀 살았거든요" 한다. 뜻밖이었다. "네? 북한요. 정말이요. 무슨 일로 북한에…?" "아, 제가 한 이십 년쯤 전에 무역을 할 때 북한에서 몇 년 살았죠. 중국에서도 몇 년 보냈고요. 북한 사람들보다 순박한 사람들은 여태 본 적이 없어요." 우리말을 할 줄 아는, 북한을 더 잘 알아서 묘한 인상을 남긴 카페 주인을 뒤로 하고 우리는 윌로우 로드를 향해 걸어 올라갔다.

윌로우 로드 2번지는 건축가 에르노 골드핑거Ernö Goldfinger가 윌로우 로드에 지은 세 채의 집 가운데 가족들을 위해 지은 집으로, 1939년에 완성했다.

헝가리 부다페스트 출신인 골드핑거는 1920년에 파리에 유학하여 에꼴 드 보자르에서 공부했는데, 그곳에서 우르술라 블랙웰Ursula Blackwell을 만나 1933년에 결혼했다. 우르술라는 통조림 수프로 유명한 영국 식품 회사 크로스 앤드 블랙웰Crosse & Blackwell의 사장 딸이었다. 그 무렵 파리는 새로운 예술에 대한 실험 정신이 돋보이는 '다다이즘dadaism'과 '모던 타임즈modern times'의 산실이었다. 그 속에서 골드핑거는 특히 고딕 양식과 프랑스의 고전 양식에 바탕을 둔, 이른바 '구조적 합리주의(structural rationalism)'를 주창한 페레Perret의 영향을 크게 받았다. 곧, 르 코르뷔지에Le Corbusier처럼 기하학적인 형태를 추구하되, 다만 시각적인 아름다움만을 위해서가 아니라, 구조적으로 합리성을 갖기 위한 요소로서 기하학적인 형태를 활용하였다. 골드핑거의 이런 건축 철학은 윌로우 로드에 지은 세 채의 집에도 뚜렷하게 반영되었다.

조지 왕조 시대 및 빅토리아 시대의 아름다운 전통 집이 즐비한 햄스테드에 현대 건축물을 짓겠다고 하니 허가받기가 쉽지 않았다. 지역 신문에서 이 문제를 논의할 만큼 주민들의 반발이 거셌다. 골드핑거는 어쩔 수 없이 디자인을 몇 차례나 수정해야 했다. 전통을 중시하는 영국 사람들로서는 콘크리트로 짓는 현대 건축물을 받아들이기가 결코 쉬운 일이 아니었다.

골드핑거는 윌로우 로드의 주택 말고도 1960년대 초반에 런던 남쪽 앨리펀트 앤드 캐슬Elephant & Castle 역 동쪽에 메트로 센트럴 하이츠Metro Central

Heights라는 복합 사무용 빌딩을 짓는 등 영국 현대 건축에 크게 영향을 미쳤다. 그러나 이 거대한 빌딩은 제2차 세계대전 뒤에 지은 현대 건축물 가운데 '영혼이 결여된 건물'로 낙인 찍히기도 했다.

007 시리즈를 쓴 작가 이안 플레밍은 어찌나 골드핑거의 현대 건축이 못마땅했던지, 그의 작품에 등장하는 악당의 이름을 '골드핑거'로 지었다고 한다. 숀 코널리가 주연한 영화 '007 골드핑거'의 제목은 그렇게 탄생되었다.

아무튼 햄스테드의 주변 환경과 어울리면서도 기존 건물들과의 이질감을 최대한 줄이기 위해 골드핑거가 윌로우 로드 2번지를 지을 때 선택한 재료가 벽돌이다. 그리하여 이 집은, 흰 콘크리트 상자 같은 다른 현대 건축물과는 달리, 그리 차가워 보이지 않고 무난한 인상을 준다. 또 일렬로 배치된 콘크리트 기둥은 조지 왕조 시대의 저택 현관과 느낌이 매우 흡사하다. 이 기둥들은 뒤쪽의 사각 철제 지주와 함께 건물의 무게를 지탱할 수 있도록 하여, 여느 사각 상자 형태의 현대 건축물보다 구조적으로 안정성이 높다. 전면을 향해 나 있는 이층 창문은 가로로 길게 이어져 있어 바깥에서 보기에도 많은 양의 빛이 안으로 들어가도록 설계되었음을 짐작할 수 있다.

1층 현관으로 들어서자 현관 홀은 생각했던 것보다 훨씬 낮고 어두웠다. 현관문 양쪽에 끼운 반투명 유리를 통해 들어오는 빛이 이 공간을 더욱 은밀하고 고즈넉하게 만들었다. 밝은 날에는 어떤 느낌일까 궁금해졌다. 안내자의

현관 입구에서 본 계단 난간. 위에서 흘러내리는 빛이 마치 조명을 비춘 듯하다.

헨리 무어의 조각 '머리,' 1938년.
나무 조각 부분을 끈으로 연결한 형태가
윌로우 로드의 계단 난간과 유사하다.

설명에 따르면, 햇살이 화창한 날이면 2층에서 쏟아져 들어오는 빛으로 계단에 드리운 빛과 그림자의 대비 효과가 더욱 선명하다고 한다. 그 빛의 리듬에 이끌려 나선형 계단을 오르는 느낌이 얼마나 음악적으로 드라마틱할지 짐작이 가고도 남음이 있다.

철제 계단의 난간은 뼈대에 끈을 지그재그로 엮었을 뿐 트여 있어서 빛이 자연스럽게 퍼질 수 있도록 했다. 이처럼 떨어져 있는 각각의 요소를 끈으로 서로 연결하는 모티브는, 같은 시기에 역시 이곳 햄스테드에 살고 있던 헨리 무어 Henry Moore의 조각 작품과 같은 맥락이다. 만일 난간이 벽처럼 막혀 있다면 얼마나 답답해 보일까. 건축가의 선택은 두말 할 나위 없이 현명했다.

'막힘과 트임'은 삶에도 꼭 필요한 요소다. 여행이 때로는 빡빡한 일상의 트임이 되듯이 인간관계나 생각에도 트임이 필요하다. 물론 기본 골격을 단단하게 묶어 주는 트임이어야 할 터이다.

마치 팽팽하게 조율된 피아노 건반을 밟고 오르듯 조심스레 2층으로 올라갔다. 2층 공간은 거실, 식당, 스튜디오로 이루어져 있다. 식당과 스튜디오 사이는 접이식 칸막이를 설치해 필요에 따라 공간을 막고 틀 수 있게 했다.

예상대로 2층은 가로로 길게 난 창을 통해 빛이 가득 들어와 천장이 낮은데도 넓고 환하게 느껴졌다. 창가에는 아프리카 조각상을 비롯하여 골드핑거에게 예술적 영감을 불러일으킨 다양한 소품이 즐비했다.

창문 맞은편 벽 콘크리트 구조는 위쪽 벽면에는 회청색, 그 아래 벽면은 테라코타 붉은색이 칠해져 있어 나머지 흰 벽과 대조를 이루었다. 당시에는 보기 드문, 이같은 색상의 변주에 몬드리안의 색 구성이 떠오른다.

식당의 식탁은 어느 기계에서 떼어 낸 육중한 철제 부품을 바닥에 고정시키고 그 위에 리놀륨을 댄 나무 상판을 얹었고, 식탁 의자는 크롬 합금으로 된 철제 관 프레임에 합판으로 등받이와 앉는 부분을 처리했다. 식탁과 의자는 모두 골드핑거의 디자인이다.

골드핑거가 디자인해서
사용하던 책상. 서랍은
책상 다리 축을 중심으로
회전하며 열린다.
서랍 열린 모양이
1층의 계단과 닮았다.

식당과 이어져서 골드핑거의 서재가 있다. 서재 벽면에는 그의 관심사와 열정이 고스란히 묻어 있는 건축 관련 책과 작품집, 여행서, 잡지 들이 꽂혀 있다. 그리고 역시 그가 직접 디자인한 책상과 의자가 놓여 있다. 책상 서랍은 책상 다리를 축으로 하여 회전시키며 열도록 되어 있다. 빙그르르 열린 서랍 모양이 이층으로 올라오는 나선형 계단과 퍽 닮았다.

골드핑거는 르 코르뷔지에와 함께 가구를 제작한 샬롯 페리앙과 가깝게 지냈다. 골드핑거의 가구도 르 코르뷔지에, 미스 반 데어 로에, 알바 알토와 같은 모던 건축가의 디자인 가구처럼 대량생산 할 수 있는 전형

골드핑거가 디자인한 나무 의자. 붉은색과 회색으로 칠해 마치 철제 의자 같은 느낌을 준다.

이 되었지만 실제 상품으로 상용화되지는 못했다. 아마도 쟁쟁한 디자이너들 사이에서 골드핑거 자신만의 독창성을 갖기에는 역부족이었나 보다.

스튜디오와 연결된 거실은 바닥보다 두 계단 정도 높고, 1층 계단 쪽으로 바로 연결된다. 스튜디오와 거실 사이의 미닫이 문을 닫으면 아늑한 공간이 되고, 열어 젖히면 넓은 하나의 공간이 된다. 또 거실 창문도 바깥으로 접어 열면 발코니까지 공간이 확장된다. 이 집에서는 햄스테드 지역의 예술가와 문인들을 자주 초대해 파티를 열었기에 이처럼 하나로 열리는 공간은 많은 사람이

거실 벽난로의 맞은 편에 설치된 큰 틀 안의 액자들. 이 자체가 또 하나의 그림이다.

삼삼오오 모여 와인을 마시면서 대화를 나누기에 적합했을 것이다.

바닥에서 천장까지 오목하게 둥글린 흰 벽면과 그곳에 벽걸이처럼 붙어 있는 검은색 벽난로의 색 대비가 깔끔하다. 그 맞은편 벽에는 커다란 사각형 나무 프레임 안에 액자들이 걸려 있다. 액자 속의 액자 같은 효과로, 프레임 전체가 하나의 통일된 작품같이 보인다. 이 같은 액자 속의 액자 장치는 초현실주의 미술가들이 즐겨 쓰던 방식이다. 예컨대 르네 마그리트의 작품 '인간의 조건 I'은 창 앞에 풍경이 그려진 캔버스가 놓여 있는데, 화폭의 그

벽난로가 설치된 오목한 흰 벽이 있는 거실 전경.

르네 마그리트 그림, '인간의 조건 Ⅰ', 1933년.

림이 창 밖의 풍경과 일치해서 어디가 그림이고 어디가 실제 풍경인지 쉽게 구분이 가지 않는다. 하기사 우리 삶에서 실존에 대한 경계가 분명한 것이 그 얼마나 있을까.

골드핑거는 '햄스테드 지식인'이라 일컬어지는 좌파 성향의 예술가들과 두터운 친분을 유지했다. 1942년 스페인 내전 당시 공화파를 지지하기 위해 이 집에서 '러시아 돕기(Aid to Russia)' 전시회를 열었다. 이때 무어Henry Moore, 헵워스Barbara Hepworth, 니콜슨Ben Nicholson, 펜로즈Roland Penrose와 같은 영국 초현실주의자들 작품을 전시했고, 판매되지 않은 것들은 그가 사 들이기도 했다. 그 덕에 윌로우 로드에서 이들의 작품을 볼 수 있다.

골드핑거의 예술적 감각은 사소한 것에서도 빛이 난다. 거실 벽에 설치된 문 손잡이, 전기 스위치, 붙박이 시계는 항공기나 잠수함의 디자인을 연상시킨다. 단추처럼 작은 구멍에 빼죽하니 돌출된 스위치는 시선을 머물게 하는 쉼표 같다. 군더더기 없는 단순한 디자인이야말로 진정한 아름다움임을 일깨운다. 우리 인생도 이렇게 단순하게 아름다울 수 있다면 얼마나 좋을까.

골드핑거가 디자인하고 설치한 붙박이 시계와 스위치.

나선형 계단의 끝에 있는 3층 입구. 천장의 둥근 채광창을 통해 들어오는 빛이 공간에 은은한 화사함을 선사한다.

맨 위층 3층에 있는 침실. 나즈막한 침대와 골드핑거가 직접 디자인한 조명이 편안하면서도 모던한 느낌을 준다.

계단을 마저 오르면 갑자기 밝은 빛이 천장에서 쏟아져 들어온다. 이 둥근 채광창은 자연의 빛을 그대로 끌어들여 푸른색 벽과 노란색 바닥에 풍부한 표정을 입힌다. 계단의 바로 왼쪽으로 골드핑거 부부의 침실이 있다. 방은 그다지 크지 않지만, 침대가 일본식처럼 매트리스 높이 정도의 나지막한 점이 인상적이다. 낮은 침대는 낮은 천장을 시각적으로 보완해 주는 효과도 있다. 골드핑거는 발달한 문명일수록 땅 가까이에서 잔다고 믿었다. 그러니 뜨끈뜨끈한 구들장 위 방바닥에서 자는 우리는 고도의 문명인인 셈이다.

침대 머리에 달린 두 개의 램프는 단조로운 벽면에 경쾌함을 더한다. 한쪽 벽에는 봉과 선반으로 이루어져 높낮이 조절이 가능한 책장에 골드핑거가 읽은 책들이 빼곡히 꽂혀 있다. 문 옆으로는 붙박이장이 있는데 수납할 물건의 높이와 너비를 철저하게 계산하여 선반을 장 안에 짜 넣었다. 그의 꼼꼼하고 섬세한 성격이 드러나는 부분이다. 살다 보면 살림이 늘어나게 마련인데 처음과 같은 간결한 삶이 유지되었는지 자못 궁금하다.

붙박이장의 문짝에도 둥근 철제 손잡이 외에는 아무런 장식이 없이 방 전체가 그저 하얗고 깔끔하다. 건축가의 침실은 이처럼 무심한 듯, 별다른 꾸밈이 없건만 빈약하다는 느낌이 전혀 없다.

침실에는 욕실이 딸려 있다. 이곳에도 둥근 채광창이 있어 하얀 타일을 붙인 욕실이 더욱 밝고 깨끗해 보인다. 요즘 우리의 기준으로 보면 특이한 바도 아니고 다소 건조하게 보일 수도 있지만, 1930년대 당시 햄스테드 지역 주민들 대부분이 집 안에 욕실이 없었고 공중목욕탕을 이용했다는 점을 감안하면 개인 욕조는 물론이고 비데까지 설치된 이 욕실은 매우 혁신적이다.

침실에 딸린 욕실. 욕조, 세면대, 비데까지 설치되어 있다. 당시로서는 최신식 시설이었다. 벽에는 붙박이 화장대도 있다. 둥근 채광창에서 들어오는 빛이 욕실을 환하게 비춘다.

날이 궂은데도 많은 사람이 윌로우 로드 2번지를 찾았다. 이곳의 안팎이 마치 경험의 의식적, 무의식적 영역인 듯 생경한 풍경을 자아냈다. 건축의 초현실적 체험은 그렇게 다가왔다. 슬며시, 비 오는 날에 오길 잘 했다는 생각이 든다.

런던 외곽

하드윅 홀

철의 여인
베스 오브 하드윅의
유리성

Hardwick Hall

주소 Doe Lea, Chesterfield, Derbyshire S44 5QJ
전화 01246 850430
개관 2월-10월 12시-16시 30분(월요일, 화요일 휴관)
　　 10월 3일-10월 18일 11시-15시 (토요일,일요일에만 개관)
입장료 집과 정원: 어른 11.90파운드, 어린이 5.45파운드, 가족 27.25파운드

이번 순례에서 만난 가장 인상 깊은 역사 속 인물은 하드윅 홀의 엘리자베스다. 보통 '베스 오브 하드윅Bess of Hardwick'으로 불리는데, 많은 억측과 소문을 낳은 묘한 여인이다. 평범한 집안 출신인 이 여인이 결혼이라는 계층 이동의 사다리를 통해 막대한 부와 권력을 거머쥐게 된 신데렐라라는 사실이 퍽이나 호기심을 자극한다.

베스는 1527년 무렵 대대로 하드윅 지역에서 살아온 이름 없는 소지주의 딸로 태어나, 아버지가 세상을 떠난 뒤에 친척 집에 가서 하녀가 되었다. 하녀 교육은 당시 어린 처녀들이 시집을 가기 전에 성실하고 알뜰한 부인이 되기 위해 받는, 일종의 신부수업으로 받아들여졌다. 베스의 인생 역전은 여기에서 시작된다. 그는 더비셔의 귀족 가문의 후계자가 될 사촌 오빠 로버트 발로우Robert Barlow와 결혼했다. 주변 사람들 말에 따르면 로버트가 심하게 아플 때 베스가 극진하게 간호하고 돌보았기 때문에 이루어진 결실이다. 결혼과 더불어 베스는 경제적으로나 사회적 신분으로나 전보다 한 단계 올라섰다. 그러나 불행히도 남편은 결혼한 지 몇 달이 되지 않아 세상을 떠났다.

미망인이 된 베스는 법에 따라 달마다 남편이 남긴 유산을 지급받으며 살다가, 1547년에 그의 삶을 다시 한 번 뒤바꾸는 결혼에 성공한다. 나이는 많지만 매우 부유한 고위 공직자 윌리엄 카벤디쉬 경Sir William Cavendish과 맺어짐으로써 베스는 단숨에 귀족 부인이 되었다. 카벤디쉬 경은 수도원 해체 사업을 담당하던 그의 직위를 이용하여 많은 부동산을 헐값에 사들여서 돈을 번, 튜더 왕조의 신흥 부자였다. 돈과 권력을 지닌 나이 많은 남자가 젊은 미망인과 결혼한 것을 두고 세상 사람들은 쑥덕거렸다. 베스는 이 두 번째 결혼을 통해 세간의 주목을 받게 됨과 동시에 여러 사람의 입에 오르내리기 시작했다. 베스의 사람됨에 대해서는 변덕스럽고, 무분별하고, 잘 울고, 감정적이고, 강인하다는 다소 부정적인 묘사가 많다. 하지만 한 가지 분명한 것은 나름대로의 방법으로 돈을 만들 줄 아는, 이른바 재테크에 능한 여자였다는 점이다. 이들 부부는 슬하에 자식 여덟을 두었는데 둘은 어릴 때 죽었다. 베스는 남은 자식 여섯에게, 마치 대기업의 총수가 자식들에게 계열사를 나누어 주듯, 카벤디쉬 경이 일궈 놓은 여러 지역의 공작 작위를 부여하였다.

1557년 카벤디쉬 경이 결혼 10년 만에 세상을 떠나자 베스는 막대한 유산을 상속받은 부유한 미망인의 몸으로 다시 '결혼 시장'에 나왔다. 그리하여 2년 뒤에 카벤디쉬 경보다 가문이 더 뛰어난 윌리엄 세인트 로 경 Sir William St Loe과 결혼함으로써 세간의 질투를 한몸에 받았다. 베스에게 신분 상승은 여전히 진행형이었다. 로 경은 여왕 엘리자베스 1세의 호위대장이자 궁정 주류 관리자로서 여왕이 가장 친애하는 궁정인이었다. 그러나 5년 뒤, 로 경도 막대한 유산을 남기고 세상을 떠남으로써 베스는 또다시 영국 최고의 부유한 미망인이 되었다.

이쯤 되면 우리 같으면 '팔자가 세다'고 여길 텐데, 베스에게는 여전히 또 다른 기회일 뿐이었다. 세간의 관심의 중심에 선 베스는 또 한번 모두를 놀

1550년 무렵에 그린, 베스 오브 하드윅의 젊은 시절 초상화. 이지적이고 야무진 인상이다. 초상화를 그린 화가의 이름은 전해지지 않는다. 하드윅 홀 소장.

라게 했다. 다름아닌 영국 최고의 전통과 부를 자랑하는 가문인 슈르즈버리 Shrewsbury 지역의 제6대 백작, 조지 탈보 George Talbot 와 결혼한 것이었다. 게다가 이 네 번째 남편은 이전의 남편과 달리 비슷한 연배였다. 나이 마흔의 젊은 백작과의 결혼에 성공한 베스는 부와 명성을 한꺼번에 거머쥐었다. 슈르즈버리 백작은 사별한 전처와의 사이에 자식을 여섯 두었는데, 베스는 백작의 둘째 아들과 자신의 딸 메리를 결혼시킨 데 이어 백작의 딸과 자신의 아들 헨리를 또 혼인시켰다. 결국 결혼을 통한 두 가문의 결속이 삼중으로 강화된 셈이다. 또 그만큼 두 가문의 재산도 든든히 지키게 되었을 터이다.

슈르즈버리 백작은 1569년부터 1584년까지 스코틀랜드 여왕 메리를 보호 감찰하는 중대한 임무를 맡으면서 메리 여왕과 긴밀한 관계를 유지했다. 베스는 이 기회를 놓칠세라 자신의 딸을 메리 여왕의 남동생 찰스 스튜어트 Charles Stuart 와 결혼시켰다. 이들이 아들을 낳기만 하면 처녀 왕 엘리자베스 1세를 이어 영국 왕실의 왕관까지 차지할 수 있는 가능성도 넘볼 수 있었기 때문이다. 이 사실을 안 엘리자베스 여왕은 격노했고 급기야 찰스 스튜어트의 어머니를 런던탑에 가두어 버렸다. 그토록 바라던 아들 대신 베스는 손녀 아르벨라 Arbella 를 보았다. 사실 이 결혼은 남편인 백작의 동의도 없이 급작스레 베스가 감행했기에 이로 인해 부부 사이는 틈이 벌어지기 시작했다. 엘리자베스 여왕의 신임이 두터운 백작의 입장에서는 자신의 양딸을 통해 왕권을 노리는 반역의 의도로 여왕의 오해를 살 수도 있었기에 부인의 무리수 용인하기 힘들었을 것이다. 찰스 스튜어트 부부는 몇 년 뒤 세상을 떠났고 아르벨라는 할머니인 베스의 손에 맡겨졌다. 귀족에서 왕가로의 신분 이동을 꿈꾸던 베스의 욕망으로 결혼은 결국 파경에 이르렀다.

베스의 손녀딸 아르벨라가 과연 영국의 여왕이 될 수 있을 것인지에 대한 세간의 관심은 아르벨라가 20대 후반이 될 때까지 끊이지 않았지만, 엘리자베스 여왕의 유언에 따라 제임스 1세가 왕권을 물려받았다. 제임스 1세는 한때 아르벨라에게 관심을 보였으나 그가 헤트포드 백작과 은밀하게 결혼하자 결국 1615년에 반역죄로 처형했다.

베스와 백작은 헤어진 뒤 재산을 둘러싼 분쟁을 끊이지 않았지만, 이곳 하드윅 홀만큼은 처음부터 베스의 몫이었다. 베스는 이곳을 1585년부터 1590년까지 손질하여 오늘날의 모습으로 만들었다. 베스의 파란만장한 삶이 녹아 있는 하드윅 홀은 외관에서부터 집 주인의 성정이 느껴지는 듯하다. 가운데 입구를 중심으로 양쪽에 탑을 배치해 좌우가 대칭을 이루고 있는 묵직한 모습이 마치 베스의 목표 지향적이고 강인한 성격을 대변하는 듯하다.

하드윅 홀의 외관은 언뜻 보기에 창문만 유난히 많을 뿐 단조롭고 밋밋해 보인다. 그러나 이 저택은 당시 엘리자베스 다음으로 부유하던 '하드윅의 베스'의 재력과 권력을 상징하고 있다. 그 시절에는 건물에 쓴 유리마다 세금을 부과했기 때문에 여염집은 번듯한 유리창 하나도 두기가 쉽지 않았다. 그에 견주어 번쩍번쩍 빛나는 유리창을 건물 전면에 드러낸 하드윅 홀은 당시

하드윅 홀의 서쪽 전경. 이 건물은 밋밋하게 유리창이 많다. 하지만 이 유리는 당시 햇볕에 세금을 내는 시절이어서 부의 상징이었다.

로서는 결코 예사롭지 않은 저택이다. 유리에 매기는 세금에 대해 일부 귀족은 '햇볕에 내는 세금'이라며 그 불합리함에 반발하기도 했지만 한 푼이라도 덜 내려면 햇볕을 포기하는 수밖에 별 도리가 없었다. 그래서 벽돌로 창문을 막아 버린 옛 건물도 꽤 많다. 그랬던 만큼 하드윅 홀은 한낮의 햇볕에도, 해질 녘의 노을 빛에도 언제나 빛나는 '유리가 벽보다 더 많은 집'으로 일컬어지며 세간 부러움을 크게 샀다. 그뿐만 아니라, 이 으리으리한 저택은 탑 꼭대기에 왕관과 함께 엘리자베스의 약자인 '이에스ES'를, 또 건물 한가운데에는 가문의 문장을 달고서 궁전에 버금 가는 부와 지위를 뽐냈다.

하드윅 홀 현관 홀. 벽난로 위에는 하드윅의 문장이 있다. 가운데 긴 참나무 탁자는 17세기 중반의 것이다.

하드윅 홀은 실내에 들어서면 넓은 현관 홀과 큰 대리석 기둥의 규모에 압도되고 만다. 대리석 벽난로 위에는 하드윅 가문의 문장이 입체적으로 새겨져 있다. 두 마리의 수사슴이 왕관을 받들고 있는 모양인데 사슴 뿔은 진짜 뿔을 붙여 사실감을 높였다. 두 사슴이 맞들고 있는 사각형 문장에는 세 송이의 흰 들장미 문양이 있다. 흰 들장미는 순결의 상징으로 엘리자베스 1세의 문장이기도 하다. 베스는 이름이 같은 엘리자베스 여왕의 문장을 차용함으로써 순결함이라는 덕목, 왕실과의 연관성, 왕실에 대한 충성 등 여러 가지 의도를 복합적으로 드러낸 듯하다. 사슴은 도르르 말린 듯한 띠 장식을 발로

하드윅 문장의 세부. 수사슴이 밟고 있는, 도르르 말린 모티브는 가죽 장식에서 유래한 띠장식(strapwork)이다.

딛고 일어서 있는데, 그 주변에도 같은 형식의 띠 장식이 섬세하게 새겨져 있다. 이 같은 장식은 필사본을 묶던 가죽끈과 무두질한 가죽 장식에서 유래했다고 하여 '스트랩워크strapwork'라고 부르는데, 16세기 건축 양식에서 중요한 장식 모티브로 쓰였다. 하드윅 홀 곳곳에서 이 장식을 볼 수 있다.

현관 홀을 지나면 2층으로 올라가는 큰 계단이 나온다. 계단 벽에는 엄청난 크기와 양의 벽걸이 천이 걸려 있어 대리석의 차가운 기운을 막아 준다. 16세기 귀족들한테는 벽걸이 천(태피스트리)이 재산목록 가운데 으뜸이었다.

계단 벽에 두른 벽걸이 천. 돌 벽의 냉기를 막기 위한 용도이자 동시에 중요한 장식물이었던 벽걸이 천은 재산목록 1호로 칠 만큼 귀한 것이었다.

벽걸이 천은 외풍을 막기 위해서도 꼭 필요했지만 장식 효과도 뛰어났다. 가구의 수와 종류가 많지 않던 중세 때부터 벽걸이 천은 가장 중요한 장식품이었다. 장인이 손으로 한땀 한땀 수놓거나 한올 한올 정성 들여 짠 태피스트리는 하나를 제작하는 데 몇 달씩, 심지어 몇 년이 걸리기도 했다. 오늘날처럼 양탄자를 바닥에 까는 것은 상상할 수 없었다. 터키에서 수입해 온 값진 양탄자는 식탁보처럼 식탁 위를 덮는 장식물로 썼다. 1601년 하드윅 홀의 재산목록에는 터키 양탄자가 32개라고 기록되어 있다. 이것만으로도 이 집의 재산이 얼마나 대단했는지 쉽사리 짐작할 수 있다.

2층으로 올라가면 어마어마한 넓이와 높이를 자랑하는 방 '하이 그레이트 체임버the High Great Chamber'에 이른다. 높이가 여느 건물의 두 개 층에 이를 만큼 천장이 높은, 이 드넓은 방을 도대체 어떻게 사용했을지 그저 놀랍기만 하다. 베스는 성대한 연회를 열기 위해 이 방을 만들었다. 아마도 손녀 아르벨라를 영국의 여왕으로 즉위시키려는 야심에서 비롯된 것이지 싶다. 이 방은 특히 천장 아래 사방 벽을 둘러 가며 장식한 널찍한 회벽 장식 띠가 눈을 사로잡는다. 사냥꾼이 멧돼지를 겨냥해 창을 던지고 있고 사슴, 사자, 코끼리, 낙타 등 여러 동물 사이에 사냥의 여신 다이아나가 앉아 있는 숲의 전경을 입체적으로 표현했다. 다이아나는 처녀 신으로서 엘리자베스 여왕을 상징적으로 나타낸다. 이런 입체적인 벽띠 장식은 16세기 여성들이 즐겨 수놓던, 무늬 올이 도드라진 스텀프 자수(stump work)와도 닮았는데, 그 아래에 걸린 벽걸이 천과 어우러져 방을 화려하게 수놓는다.

연회의 주인공이 앉는 자리를 위엄 있게 꾸미고 있는 닫집(tester). 17세기 초에 처음 설치되었던 것을 19세기에 다시 만든 것이다.

방 한쪽 벽 중앙에는 닫집이 근엄하게 자리를 잡고 있다. 이것은 연회를 연 주인인 베스가 앉거나 여왕의 방문을 위해 특별히 마련한 자리였을 텐데, 지금 있는 것은 후대에 고증을 거쳐 다시 설치한 것이다. 닫집을 중심으로 양쪽으로는 의자를 일렬로 배치했는데, 등받이와 자리를 수놓은 천으로 싼 의자들 또한 화려한 격식이 느껴진다. 평상시에는 지금처럼 휑하니 빈 공간이지만 연회 때에는 분리형 식탁을 펼치고, 식탁보를 깔고, 의자를 놓고서 잔치를 벌였을 것이다.

이렇게 큰 방은 아마도 겨울 난방이 가장 어려운 숙제였을 것이다. 한쪽 벽

한가운데에 커다란 벽난로가 있지만 테두리 장식만 웅장할 뿐 정작 불 때는 구멍은 여느 벽난로와 다르지 않아, 이 큰 방을 제대로 덥히기에는 역부족이었으리라 짐작된다. 베스의 남편 슈르즈버리 백작은 "어느 겨울날 나는 이 방에서 친구들과 식사를 했는데 즐겁다기보다는 위엄이 있었다. 예방 조치를 취했는데도 너무 추웠다"고 했다.

벽난로 위에는 가죽 띠 장식 모양의 띠무늬에 큼지막한 둥근 보석(보스boss) 조각 장식이 시원스레 박혀 있다. 여자들이 좋아하는 보석 반지처럼 이 둥근 장식은 여러 각도로 연마한 보석(gem cut) 모양에 둘러싸여 있다. 어른이 되면 엄마한테 눈깔사탕만한 다이아몬드 반지를 선물하겠다고 다짐하던 어릴 적 약속이 떠오른다. 지키지 못한 그 약속은 이제 내게 주먹만한 다이아몬드를 선물하겠노라는 아들의 공약으로 되돌아왔다. 인생은 돌고 돈다.

사냥 장면을 입체적으로 표현한, 하이 그레이트 체임버의 벽띠 장식 세부.

하드윅 홀의 긴 화랑. 이 방의 길이는 무려 51미터, 높이는 8미터에 달한다. 현존하는 엘리자베스 시대의 긴 화랑 가운데 가장 규모가 크며, 원래의 벽걸이 천과 그림이 보존되어 있는 유일한 곳이기도 하다.

하이 그레이트 체임버의 어마어마한 규모에 놀란 마음이 진정되기도 전에 이어지는 '긴 화랑(Long Gallery)'에 들어서면 그만 할 말을 잃게 된다. 이 화랑은 길이가 무려 51미터에 이르는, 이름 그대로 긴 방이다. 현존하는 엘리자베스 시대 건축물의 긴 화랑 가운데서 가장 규모가 큰 화랑이다. 긴 화랑은 보통 그 집의 역사를 일군 선조들과 왕실의 초상화를 같이 걸고, 연회가 있을 때에는 춤을 추거나 공연도 하는 다목적 공간이다. 하드윅 홀의 긴 화랑에 걸린 벽걸이 천은 비록 빛은 바랬지만 모두 원래의 것이다. 회벽 천장에는 띠 장식을 기하학적으로 단순화한 문양을 볼 수 있는데, 이것은 17세기 초에 손질한 것으로 추정된다.

바닥에는 굵게 짠 골풀 자리가 깔려 있다. 먼지가 날리는 것을 막기 위해 이따금씩 물을 뿌려 관리하고, 또 몇 년에 한 번씩 원래의 깔개 위에 새 것을 덮곤 하는데, 그 때문에 이 골풀 자리는 적당한 온도와 습도를 유지하게 되어 사이사이에 갖가지 벌레가 서식할 수밖에 없었다. 긴 화랑 역시 방의 크기에 비해 가구는 매우 적고, 기나긴 벽의 중간쯤에 천을 늘어뜨린 닫집이 설치되어 있다.

하드윅 홀에서 가장 주목할 만한 가구는 퇴실(The Withdrawing Chamber : 식사 뒤 여자들이 물러나 다과를 즐기는 방)에 있는 일명 '바다 개(Sea dog)' 탁자다. 탁자 다리에 조각된 형상이 얼굴은 개, 몸은 인어의 모습을 하고 있는 데에서 비롯된 이름이다. 이것은 프랑스의 건축가이자 디자이너인 뒤 세르소 Du

퇴실에 놓인 '바다 개' 탁자. 탁자의 다리 조각이 거북에 올라 앉은 바다 개 또는 키메라의 형상인데, 현존하는 영국 16세기 가구 가운데 가장 탁월한 작품으로 손꼽힌다. 1580년 무렵에 제작되었다.

Cerceau의 판화집「그로테스크 소품집(Petites Grotesques, 1550년)」에 나오는 디자인에서 영향을 받은 듯하다. 이처럼 기괴한 형상의 모티브는 로마 황제 네로의 별장인 '도무스 오레아'의 벽화로 거슬러 올라간다. 15세기 말에 발굴된 그 벽화의 그로테스크한 문양을 라파엘로 같은 화가가 재현해 바티칸 성당 안 로지아(복도)에 있는 장식 그림 같은 걸작을 남겼는데, 그 뒤로 서양의 건축과 장식미술에서 화가들의 상상력을 자극하는 소재로서 끊임없이 재창조되었다. 현실과 동떨어진 꿈의 세계이기에 16세기에는 그로테스크를 일명 '화가의 꿈(sogni dei pittori)'이라고도 표현했다.

하드윅의 바다 개 탁자는 개의 얼굴, 인어의 가슴과 꼬리, 독수리의 날개를 합침으로써 땅과 바다와 하늘 동물의 복합 아바타를 탄생시켰다. 호두나무를 재료로 써서 입체적으로 구현한 이 환상의 생명체를 거북이가 밑에서 받들고 있다. 그 모습이 라틴어 금언인 "페스티나 렌테festina lente," 곧, "서두르되 천천히"를 상징한다고 해석할 수도 있겠다. "급할수록 돌아가라"는 우리 속담처럼, 아르벨라를 빨리 여왕으로 만들고 싶은 베스의 마음을 간접적으로 표현한 것은 아닐까. 아무튼 1580년 무렵에 제작된 이 바다 개 탁자는 현존하는 16세기 영국 가구 가운데서 가장 뛰어난 작품으로 평가된다.

이 퇴실에는, 바다 개 탁자와 마찬가지로, 뒤 세르소의 디자인에서 영감을 얻었을 것으로 보이는 장식장이 놓여 있다. 이 장식장 아랫부분 양쪽 모서리에는 반인반수 형태의 조각이, 그 위로는 사람과 기둥이 결합된 험herm(그리

퇴실에 놓인 호두나무 장식장. 다양한 모티브를 입체적으로 조각하고, 부분적으로 금도금을 했다. 우그 상빈의 디자인에서 영향을 받은 것으로 보인다. 1580년 무렵에 만들었다.

스 신 헤르메스Hermes의 모습을 조각한 기둥. 여기에서는 손가락을 벌린 모양이 미켈란젤로의 모세 상에서 유래한 듯하다)과 같은 기이한 모티브가 등장한다. 험이 양쪽에서 호위하고 있는 아치는 마치 정원의 그로토grotto(정원 같은 곳에 인공적으로 만든 작은 동굴.) 입구처럼 신비하다. 호두나무로 만든 이 장식장은 다양한 모티브와 문양을 입체적으로 조각하고, 그 위에 부분적으로 금도금을 해서 화려함을 더했다. 호두나무에 이런 모티브를 입체적으로 조각한 것은 16세기 프랑스 부르고뉴 지역의 가구 스타일을 따른 것이다. 한편, 꼭대기 부분은 절반으로 나눈 박공(페디먼트pediment: 고대 그리스 건축에서 보이는, 건물 입구 위

그린 벨벳 방. 벽에는 화려한 그림의 벽걸이 천이, 침대에는 벨벳 휘장을 드리운 닫집이 설치되어 있다. 1601년에 작성된 재산목록에 따르면, 하드윅 홀에서 가장 좋은 침실이라고 한다.

의 삼각형 부분.)을 뒤집어 얹음으로써 르네상스의 규칙을 깨뜨리고 있는데, 이처럼 건축적인 요소와 환상적인 힘 모티브를 자유자재로 섞는 방식은 16세기 프랑스 디종 지역의 건축가이자 목조공인 우그 상빈Hugues Sambin의 솜씨를 닮았다.

규모가 엄청난 방들에 이어 엘리자베스 시대의 걸작들을 보고 나니, 나머지 아담한 규모의 방이며 소소한 가구들은 상대적으로 예사롭게 느껴져 마음이 이내 시들해져 버린다. 아마도 이 거대한 저택을 구경하느라고 지친 몸이 배

푸른 방. 다른 방과 마찬가지로 벽걸이 천이 둘러쳐져 있고 푸른색 비단을 드리운 닫집이 달린 침대와 푸른색으로 맞춰 천을 씌운 18세기 가구가 있다.

1959년까지 이블린 공작부인이 사용하던 거실이다. 휑한 하드윅 홀에서 유일하게 사람 사는 자취가 느껴지는 방이다.

하드윅 홀의 모든 문서를 보관하던 방. 번호가 매겨진 수백 개의 작은 서랍에는 아직도 돌돌 말아 가죽 끈으로 묶은 과거의 서류들이 보관되어 있다

꼼시계 소리에 더 신경이 쓰여서 그랬나 보다.

다행히 하드윅 홀의 남쪽 출구에 하드윅 여관(Hardwick Inn)이 있어서, 허기를 쉽사리 해결할 수 있었다. 하드윅 여관은 원래는 하드윅 홀 '긴 화랑'의 천장과 천장 바로 밑에 이어지는 벽띠에 그림을 그린 화가 존 발렉하우스 John Ballechouse의 집으로 1608년에 지었는데, 17, 18세기에는 하드윅 홀 하인들의 숙소로 쓰이다가, 지금은 레스토랑으로 쓰이고 있다.

이곳에서 그레이비 소스를 얹은 스테이크와 삶은 야채로 만족스러운 만찬을 즐기며, 하드윅 홀의 여주인 베스에 대해서 생각해 보았다. 네 번의 결혼을 통해 여왕에 버금가는 부와 힘을 거머쥔 여인, 갖가지 위기를 딛고서 가장 강력한 통치자가 되었던 엘리자베스 여왕의 친구로서 여왕만큼이나 강인했던 '하드윅의 베스.' 그에게 어울리는 또 다른 이름은 '철의 여인'이 아니겠는가.

페트워스 하우스

유명화가가 극찬한 예술의 집

Petworth House

주소 Church St, Petworth, West Sussex GU28 0AE
전화 01798 343929
개관 방문 전 확인 필요
입장료 어른 12파운드, 어린이 6파운드, 가족 30파운드

웨스트 서식스West Sussex 지방에 있는 페트워스 하우스는 영국의 유명한 화가 컨스터블John Constable이 일찍이 '예술의 집(the house of art)'이라고 극찬한 곳이다. 내셔널 트러스트의 웹 사이트에서도 이곳의 그림과 조각 수집품이 뛰어나다는 점을 강조해서, 일찌감치 점 찍어 둔 곳이다. 게다가 283헥타르(283만 평방미터)에 이르는 사슴공원 안에 있다고 하니, 그곳을 찾아갈 때 사파리 공원에 가는 아이마냥 들떴다.

페트워스 공원에 도착했을 때 내심 사슴 무리라도 마주치지 않을까 싶어서 두리번거리면서 천천히 걸었다. 안내판을 따라 오솔길로 접어들자 어마어마한 크기의 고목이 하늘을 찌르고 그 주변에는 야생 수국이 꽃을 활짝 피우고 있다. 팻말에 '하이드레인저 애스페라 빌로사Hydrangea aspera villosa…'라고 적혀 있다. 긴 라틴어식 이름표 때문인지 한결 더 기품이 느껴졌다. 오른쪽으로 눈을 돌리니 둥근 돔 지붕의 로톤다rotonda(바닥 평면이 원형 또는 타원형인 건축물)가 숲을 가르며 언덕 꼭대기에 방점을 찍고 있다. 그것을 보는 순간 한 사람의 이름이 번득 떠올랐다.

케이퍼빌리티 브라운Capability Brown!

케이퍼빌리티 브라운이 1766년에 조성한 풍경 정원에 세워진 돔 지붕의 정자, 로툰다.

케이퍼빌리티 브라운은 18세기 영국 정원 역사에 한 획을 그은 인물이다. 페트워스를 위시하여 영지를 지닌 귀족들이 너나없이 그에게 정원 공사를 의뢰해, 그가 맡은 대규모 조경 공사가 170군데가 넘었다. 그의 본명은 랜슬롯 브라운Lacelot Brown이지만 본명보다는 '케이퍼빌리티'라는 별명으로 주로 알려졌다. 이 별명은, 귀족들이 그에게 정원 조경을 의뢰할 때마다 늘 땅을 천천히 둘러보며 "이곳은 '케이퍼빌리티capability(잠재된 가능성)가 대단하군요"라고 말하곤 해서 얻은 이름이다. 그는 그의 별명마따나 '능력자 브라운'이었다.

케이퍼빌리티의 조경 스타일은 이른바 영국식 '풍경 정원(landscape garden)'으로, 17세기 프랑스 베르사유 궁의 정원처럼 꽃나무를 자르고 다듬어서 기하학적인 패턴을 만드는 프랑스식 정원과는 정반대로, 오래 전부터 본래 그곳에 있었던 것처럼 자연스럽게 가꾸는 '정원이 없는(gardenless) 정원' 스타일이다. 곧, 인공의 힘으로 마치 본래부터 그랬던 듯 자연스러운 풍경을 구사하는 방식이었다. 집 앞에 잔디밭이 굽이굽이 펼쳐지고, 한쪽에 키 작은 관목이 줄지어 있고, 여기저기 큰 나무들이 우뚝한가 하면, 우거진 숲, 커다란 호수, 졸졸 흐르는 실개천, 그리고 드문드문 세워진, 고대 신전을 닮은 건축물에 이르기까지, 이탈리아의 풍경화와도 같은 그 모든 것이 케이퍼빌리티가 머릿속에서 나온 구도인 것이다. 그렇다 보니, 말이 정원 조경이지 실제로는 자연 경관 자체를 바꾸는 대규모 토목공사에 가까웠다.

그의 조경 방식을 두고 '문법적 조경'이라고도 한다. 그것은 마치 작가가 글을 쓸 때 글의 구성에서 기승전결을 완벽하게 갖추어 나가는 한편 어휘의 선택과 문법적 조율에도 세심하게 신경 쓰듯이, 그는 드넓은 대지 위에 본래부터 그랬을 법한 자연 풍경을 표현하기 위해 전체적인 구상에서부터 세부적인 요소에 이르기까지 세심하게 계획했기 때문이다. 이처럼 자연보다 오히려 더 잘 계획된 '인위적인' 자연을 구사한 그의 정원을 두고, 야생의 자연을 미미하게 모방한 것에 지나지 않는다거나 평범한 들판과 다를 바가 없다는 비판의 목소리도 적지 않았다. 19세기에 들어서면서 자연의 웅장한 숭고

페트위스의 정원은 어찌나 넓은지. 주말을 맞아 빈티지 자동차 동호회 회원들이 저마다 독특한 모양의 자동차를 끌고서 이곳에 모인 진풍경도 볼 수 있었다.

미를 추구하는 낭만주의에 밀려 그의 자연주의는 시들어 버렸지만, 현대에 와서 그의 조경은 새롭게 조명을 받고 있다.

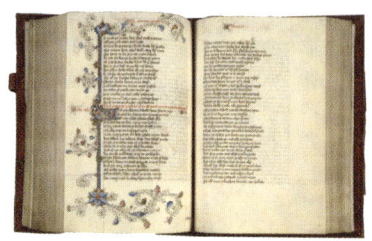

초서의 「캔터베리 이야기」 필사본. 1420년대에 만들어진 이 책은 제 2대 노섬벌랜드 공작이 의뢰한 것이다. 영국에 남아 있는 초서의 필사본가운데 가장 오래된 축에 든다. 페트워스 하우스에 전시되어 있다.

페트워스는 대대로 권세를 누린 퍼시 Percy 가문의 땅으로 그 역사는 1150년쯤으로 거슬러 올라간다. 한 가문의 흥망성쇠를 어찌 몇 줄로 요약할 수 있을까마는, 역사가 긴 만큼 전설같이 흥미진진한 이야기는 대강 이러하다. 5대 노섬벌랜드 공작이 페트워스의 주인이던 때까지만 해도 헨리 8세가 친히 페트워스 성을 방문해 놀이와 잔치를 즐겼을 만큼 퍼시 가문은 권력의 핵심에 있었다. 그러다가 6대 공작부터 파란만장한 역사가 시작된다. 6대 노섬벌랜드 공작은 헨리 8세의 둘째 부인 앤 불린 Anne Boleyn과의 불륜 때문에 울지 추기경과 왕의 노여움을 사서 재산을 몰수당했다. 그의 아들 7대 공작은 스코틀랜드 여왕 메리를 엘리자베스 여왕의 대를 이을 합법적인 후계자로 추대하려다 반역죄로 참수형을 당했으며, 8대 공작도 반역이 의심되어 런던탑에서 옥살이를 한 뒤 엘리자베스 여왕으로부터 페트워스에서 북쪽으로는 한 발자국도 움직이지 못하는 감금형을 선고 받았다. 그 뒤 1584년에 다시 반역죄로 기소되었다가 일 년 반 만에 주검으로 돌아왔다. 공식적으로는 자살한 것으로 발표되었지만, 가문에서는 모두 그가 살해되었다고 믿었다. 8대 공작은 자신은 가톨릭 신자였으나 그로 말미암은 불행이 아들에게 이어지지 않기를 바랐던지 아들 9대 공작은 프로테스탄트로 키우고, 프랑스로 그랜드 투어를 보냈다. 집안을 일으키길 바라서였다. 그러나 9대 공작은 젊은 시절은 방탕하게 보내다가, 다행히 학자를 스승으로 두고서 지식을 넓혔고, 특히 과학, 화학, 천문학 등에 탁월하여 '마법사 백작'이라는 별명도 얻었다. 그의 학자적인 면모는 페트워스 하우스의 서가에 잘 드러난다. 수학, 과학, 의학, 역사, 지리, 화학, 군사학, 마술, 정원, 건축 등 다양한 분야의 책이 1,250권에 이르는데 이는 당시 개인이 소장한 책으로는 엄청난 양이다.

페트워스의 퍼시 가문이 한바탕 정치적 파란을 겪고 나서 옛날의 영화를 다시 얻기 시작한 것은 10대 공작부터였다. 어릴 적부터 여러 나라에서 다양한 언어를 익힌 10대 공작은 찰스 1세의 궁정에서 해군 장교로서, 또 국회의원으로서 왕의 신임을 얻었으며, 당시 유명한 정치고문 클래런던에 따르면, 관념이 넓고 깊지는 않아도 차분한 성정과 신중한 말투로 능력 있고 현명한 사람이라는 명성을 얻었다. 그는 찰스 1세와 가깝게 지내면서 예술에 대한 안목을 높였고, 궁정 초상화가 반 다이크Van Dyck와 친구로 지내면서 그를 후원하기도 했다. 반 다이크는 공작에게 좋은 미술 작품을 추천하는 '아트 컨설턴트'의 역할을 톡톡히 했다. 그리하여 공작의 그림 수집품은 양과 질에서 두루 높은 수준을 갖추었다. 게다가 시민혁명이 일어나 가톨릭 그림들을 '미신적'이라고 불태울 때 버킹엄 궁전에 소장된 그림들도 소각될 위기에 처하자, 10대 공작은 이를 반대하는 동시에 그 그림들을 헐값으로 사들였다.

그렇게 해서 건진 것들이 바로 티치아노Titiano, 안드레아 델 사르토Andrea del Sarto, 애덤 엘스하이머Adam Elsheimer의 작품들이다. 10대 공작이 세상을 떠난 지 삼 년 뒤 1671년에 기록된 그의 유산 목록에는 탁월한 미술 작품이 무려 167점이나 있었다.

11대 공작은 1670년 임신한 아내와 그랜드 투어를 하던 도중 파리에서 병을 얻어 토리노에서 갑작스럽게 죽었다. 그 뒤 아내가 아들을 사산하는 바람에 11대에 걸친 노섬벌랜드 백작은 대가 끊기고, 페트워스의 재산은 딸 엘리자베스 퍼시Elizabeth Percy에게 상속되었다.

엘리자베스의 인생은 평탄하지 않았다. 열두 살 어린 나이에 열일곱 살 신랑 오글 백작Earl of Ogle과 결혼했으나 이듬해 남편이 유럽 여행 도중에 죽어서 미망인이 되었다. 그 뒤 집안 어른들 성화로, 돈이 엄청 많아서 '톰 오 텐 다우전드Tom o'ten thousand'(백만장자 톰)로 불리던 토마스 타인Thomas Thynne과 억지로 결혼하지만 그의 성격을 참지 못해 네덜란드로 달아났다가, 결혼 전에 사랑하던 연인 카를Carl von Königsmark 백작과 다시 만났다. 백작은 연인을 위해 연인의 남편을 살해하는 일을 주도했고 그 자신은 가까스로 벗어났지만 공범자들이 사형을 당함으로써 그들의 스캔들은 막을 내렸다.

엘리자베스는 파란 끝에 마침내 6대 서머싯 공작6th duke of Somerset인 찰스 세이무어Charles Seymour와 세 번째 결혼식을 올렸다. 찰스는 자존심이 하늘

'프라우드 공작'으로 불리던, 6대 서머싯 공작(1662-1748)인 찰스 세이무어의 초상화. 존 클로스터만 작품, 1692년.

을 찌를 만큼 높아서 사람들은 그를 '프라우드 공작Proud Duke'이라고 불렀다. 아랫사람들을 늘 고압적인 자세로 대했고, 심지어 그의 어린 딸이 그가 까무룩 잠든 사이에 건방지게 의자에 앉았다고 해서 유산 2만 파운드를 삭감하기도 했다. 또 하녀가 벽난로에 풀무질을 하면서 공작에게 등을 보였다고 해고시킨 일화도 유명하다.

그는 페트워스의 '태양왕'이었다. 페트워스 안팎을 작은 베르사유 궁전처럼 재건축했다. 루이 라게르Louis Laguerre가 그린 바로크 스타일의 장엄한 벽화를 배경으로 오르는 큰 계단(The Grand Staircase)은 네덜란드 해트 로우Het Loo 궁전의 계단과 닮았다. 복도를 따라 방이 일렬로 죽 늘어선 '엉필라드 enfilade' 형식의 구조를 위시해, 그 너머 서쪽에 있는 베르사유 식 정원, 다니엘 마로Daniel Marot 스타일의 외벽 장식 등, 페트워스는 '프라우드 공작'의 자부심에 걸맞게 프랑스 궁전 스타일로 자랑스럽게 재탄생되었다.

다니엘 마로는 영국에 프랑스 바로크 스타일을 전파한 일등공신이다. 루이 14세의 궁정에서 디자이너로 활동하다 가톨릭 교도들의 탄압을 피해 영국으로 이주해 온 위그노(개신교도) 장인들 가운데 한 사람이었는데, 오렌지공 윌리엄의 수석 디자이너로서 해트 로우 궁전을 장식했고, 윌리엄 공이 아내 메리와 함께 영국 왕으로 추대될 때 함께 영국으로 건너와 햄튼코트 궁전의 장식을 맡았다. 따라서 '윌리엄 앤드 메리 스타일'이라고 부르는 양식은 대부분 마로의 디자인에 바탕을 둔 것이다.

프라우드 공작 때 만든 원래의 계단은 1714년 화재로 인해 소실되었고, 지금의 난간은 1827년 찰스 베리가 새로 만든 것이다.

프라우드 공작 시대에 페트워스는 가구와 실내장식도 건축 양식에 맞추어 프랑스 풍으로 바뀌었다. 공작의 회계장부를 보면, '조각의 방(The Carved Room)' 벽에 붙은 조각 장식에 150파운드를 지불한 내역(장부에는, 1692년 12월 10일 '조각에 대해 기번 씨에게 지불함'이라고 명시되어 있음)을 포함하여 프랑스와 네덜란드 출신의 유명한 장인들에게 결제한 내역이 수없이 많다.

그린링 기번Grinling Gibbons 또한 네덜란드에서 온 장인이었다. 그는 1680년에 이미 '왕의 조각가'로 입소문이 자자했는데, 1693년부터는 영국 왕실의 일을 정식으로 맡았고, 조각 장인으로서 인정받았다. 페트워스의 '조각

패트워스의 서쪽 벽면 장식,
1697-1700년 무렵.(왼쪽)

다니엘 마로가 스케치한
벽난로의 조각 장식.(아래)

의 방'에서 볼 수 있듯이, 그는 특히 나무 조각에 재능이 탁월하였다. 피나무(limewood)를 주재료로 써서 사물을 극사실적으로 묘사하는 것이 특기였다. 꽃, 깃털, 악기, 꽃병, 사냥감 따위가 주렁주렁 매달려 있는 스타일은 17세기 네덜란드의, 실물로 착각할 만큼 사실적인 이른바 '눈속임 그림(트롱플뢰이유trompe-l'oeil)'과 맥락이 같다. 달콤하고 싱싱해 보이는 그림 속의 포도에 속아 새들이 날아들었다는 그리스 화가 제욱시스의 그림처럼, 기번도 그가 조각해서 집 창가에 올려둔 화분 옆으로 마차가 지나가자 꽃잎이 파르르 떨렸다는 얘기가 전해진다. 실제로 보니, 망사 천이나 깃털의 질감 등이 실제 사물을 쏙 빼닮아서 만져 보고 싶다는 생각이 절로 들었다.

페트워스 조각의 방에 있는
그린링 기번의 나무 조각 장식 세부.
17세기 후반.

기번의 이 같은 재능은 집주인 존 이블린John Evelyn의 눈에 우연히 띄었고 집주인은 친분이 두터운 폴 대성당의 건축가 크리스토퍼 렌 경Sir Christopher Wren에게 기번을 소개했다. 여기까지는 역사적 사실이고, 이를 계기로 기번이 찰스 2세의 궁정에서 활약한 것이 아닐까 하는 것은 짐작으로 남아 있지만 개연성이 꽤 크다. 예나 지금이나 실력은 기본이요 그것을 꽃피우게 하는 것은 인맥이 지름길인 모양이다.

페트워스의 '조각의 방'에는 헨리 8세, 찰스 1세를 비롯하여 공작 부처의 대형 초상화가 걸려 있고, 기번의 섬세한 나무 조각이 그 사이 사이를 화려하게

조각의 방에 놓여 있는 앙드레 샤를 불의 서랍장 코모드, 1710년 작. 앙드레 샤를 불은 프랑스 루이 14세 시대의 대표적인 가구 제작자이다. 페트워스에는 프랑스 풍의 실내상식과 가구들을 볼 수 있다.

수놓고 있다. 방의 크기는 처음에는 지금의 절반쯤으로 아담했는데, 1786년부터 1794년까지 팔 년 사이에 지금의 크기로 확장했다. 조각 일부는 기번의 스타일을 그대로 모방한 다른 장인의 솜씨다. 예컨대 헨리 8세 주변에 조각된 것은 1689년부터 이태 동안 이 지역의 장인 존 셀던John Seldon이 기번의 스타일을 따라 만든 것이다. 그는 1714년 화재가 났을 때 동료이자 스승인 기번의 작품을 수습하려다 안타깝게 숨졌다고 한다.

이후 3대 에그르몽 백작 시절(1751-1847)인 1828년부터 1846년까지 십구 년 동안 천장과 벽에 일부 조각 장식이 추가되었다. 그는 이 방을 손볼 당시

조각의 방 전경. 초상화 주위에 그린링 기번의 조각 장식이 있고, 그 아래로 터너의 풍경화가 있다.

조각의 방 벽면. 대형 초상화들 아래로 화가 터너의 그림들이 걸려 있다. 이 그림들은 식탁에 앉을 때 눈높이에 위치한다. 스타일의 이질감을 줄이기 위해 초상화와 테두리 조각을 통일시켰다.

짙은 참나무 판 위에 조각된 밝은 피나무를 더욱 도드라지게 하기 위해 벽 바탕색을 흰색으로 칠했다. 방 벽이 대부분 흰색이나 붉은색이던 당시의 유행을 따른 것으로 여겨진다.

프라우드 공작과는 성격이 정반대였던 3대 백작은 신분의 고하를 막론하고 사람들이 페트워스를 자유롭게 드나들게 하는 한편, 컨스터블Constable, 게인즈버러Gainsborough 등 많은 예술가를 초청하여 이곳에서 그림을 그리게 해서 페트워스는 언제나 손님들로 북적거렸다. 게다가 인자한 백작은 여성 편력도 심해 수많은 여인과 43명이나 되는 자식이 이곳에서 지지고 볶고 싸우기 일쑤였다고 한다.

에그르몽 백작의 후원 아래 터너J.M.W.Turner는 이곳에 수시로 머물면서 많은 작품을 그렸고, 덕분에 페트워스에는 그의 작품이 스무 점이나 남아 있다. 페트워스의 변화무쌍한 빛을 머금은 터너의 풍경화 넉 점은 식당으로 쓰이던 조각의 방 대형 초상화 아래 걸려 있다. 엄숙한 분위기의 초상화들과 현대적인 터너 그림의 어색한 동거는, 드나드는 이들이 많아 일면식도 없는 사람들끼리 함께 식사하는 일이 다반사였던 이곳의 분위기와 닮은 듯하다. 마치 식당 창으로 들어온 빛을 모두 모아 가둔 듯, 터너의 그림은 어두운 초상화 아래에서 밝게 빛을 발하고 있다. 터너의 그림은 식탁에 앉을 때의 눈높이에 맞추어 걸려 있어서, 아마도 당시에 식사하는 사람들은 고개를 돌려 창문 너머의 풍경과 그림 속의 풍경을 함께 눈에 담았을 것이다. 그러나 이

화가 티니가 작업실로 사용하던 옛 서재. 터너는 에그르몽 백작과 가까이 지내며 이곳에서 그림을 그렸다.

그림들과 벽판의 흰색 칠은 1872년 다음 세대에 의해 제거되었다가, 2000년에 벽은 기본의 본래 디자인으로, 터너의 그림들과 나머지 배치는 3대 백작이 의도한 대로 복원되었다. 오랜 역사를 자랑하는 소장품은 어느 시대, 어떤 시각에 초점을 맞추어 복원할 것인지 결코 간단한 문제가 아닌 듯하다.

회화 작품에 이어 엄청난 양의 조각품은, 컨스터블의 말대로, 이곳이 '예술의 집'임을 여실히 보여 준다. 이 작품들을 수집한 것은 프라우드 공작의 외손자인 2대 에그르몽 백작부터다. 그는 유능한 정치가로 프랑스어를 완벽하게 구사했으며 1729년부터 이듬해끼지 파리를 거쳐 이탈리아로 그랜드 투

북쪽 갤러리의 기둥과 기둥 사이 방. 존 플랙시먼의 조각 '사탄을 무찌르는 성 마이클'이 가운데에 놓여 있다.

어를 다녀왔다. 프랑스 문화에 심취했던 만큼, 백작이 페트워스를 위해 주문한 가구와 장식품은 모두 프랑스 양식이었다. 그러나 백작은 무엇보다 고대 그리스와 로마의 조각에 심취했다. 그림에 비해 운송비도 비싸고 운송 과정도 까다로워서 조각품 수집은 결코 만만한 일이 아니었다. 더군다나 이탈리아에서는 작품 발굴과 반출이 엄격히 제한되었기 때문에 현지 권력자의 도움 없이는 불가능했다. 당시에 교황의 소장품에 버금가는 수집품을 가진 알레산드로 알바니 추기경 Cardinal Alessandro Albani의 도움이 없었다면, 백작은 어머니한테서 물려받은 페트워스를 개인 소장으로는 영국 최고의 조각 컬렉션을 지닌 곳으로 만들기는 어려웠을 것이다.

백작은 '북쪽 갤러리(The North Gallery)'와 복도를 아케이드 형식으로 만들고, 움푹 들어간 벽감, 높은 대리석 받침, 그리고 벽의 선반마다 조각상을 배치하고, 콘솔 위에도 흉상을 얹음으로써, 페트워스를 고대 로마의 팔라조 palazzo(귀족들의 집)처럼 꾸몄다. 갤러리를 북쪽에 둔 것 또한 북쪽의 은은한 빛이 미술 작품에 가장 영향을 덜 주어 적합하다는 고대 로마의 건축가 비트루비우스의 조언을 따른 것이다. 그러나 2대 백작은 이 모든 작품을 남겨 두고 사람들의 예상대로 어느 날 갑자기 세상을 떠났다. 그는 끊임없이 먹어대는 엄청난 대식가에다 전혀 운동을 하지 않았기 때문이다.

그 뒤로, 터너 같은 젊은 작가와 가까이 지낸 3대 백작은 신고전주의 작품이 고대의 조각품에 결코 뒤지지 않는다고 여겨서, 아버지 컬렉션에다 신예 조각가들의 작품을 대거 보탰다. 북쪽 갤러리 한가운데에 있는 존 플랙스먼 John Flaxman의 작품 '사탄을 무찌르는 성 마이클'은 천장의 채광창을 통해 들어오는 빛을 받으며 주변의 고대 조각품들을 향해 보란 듯이 당당하게 서 있다.

페트워스처럼 엄청난 규모의 집을 꾸리기 위해서는 그 뒤에 보이지 않는 인력이 셀 수 없이 많았다. 총 지배인인 집사를 필두로 그 아래 서른여덟 명의 관리인이 집 안을 담당하고, 스물다섯 명의 정원사와 스물네 명의 마부들이 바깥 공간을 담당했다. 이들은 남녀, 그리고 상하의 계급이 철저히 구분되어 있었다. 상급 일꾼들은 소박한 대로 자신들만의 방과 휴게 공간이 있었지만,

페트워스의 현재 소유주를 그린 초상화. 그는 정원에 관심이 많다고 한다.

부엌 전경. 식탁 위에는 젤리 장식을 하는 장면이 재현되어 있다.

하급 일꾼들은 한공간에서 공동생활을 했다. 그들이 일하는 공간인 부엌, 설거지 공간, 창고, 빵 만드는 곳, 식품 저장실 들은 모두 집의 지하에 있다. 계단을 경계로 나뉘어 있는 '위층(upstairs)'과 '아래층(downstairs)'은 단순히 공간을 물리적으로 위아래로 나눌 뿐만 아니라, 사람의 신분 또한 위아래로 분명히 가르고 있었다.

지하의 일터를 둘러보고 나오면서, 내가 아는 라틴어를 쥐어짜 아래층을 두고 내 맘대로 이름을 붙여 보았다. '룩스 수브테라네우스 수스티네오 피아노 노빌레 lux subterraneus sustineo piano nobile.' 말하자면, '피아노 노빌레 piano nobile(귀족들이 거주하는 위층)를 떠받치는 지하의 빛'이랄까. 자존심 높은 프라우드 공작이 들었다면 '예끼, 이 건방진 것!' 하며 나를 내칠지도 모르겠다.

햄 하우스

17세기의 보석상자

Ham House

주소 Ham Street, Richmond-upon-Thames TW10 7RS
전화 020 8940 1950
개관 4월 1일-10월 3일 12:00-16:00 (금요일 휴관)
입장료 집과 정원 어른 10파운드, 어린이 5파운드 가족 25파운드

햄 하우스는 런던 근교 서리 지역에 있는 저택이다. '17세기의 타임캡슐'이라고 할 만큼 보존이 잘 되어 있다. 런던 이곳저곳을 두루 둘러보면서 과거에 발을 들여놓는다는 기분에 번번이 흥분하지 않은 것은 아니지만, 햄 하우스에 들어서는 순간은 마치 진공 속으로 쑥 빨려 들어가는 기분이랄까, 단박에 과거에 와 있는 듯했다. 어둑한 실내의 공기부터가 사뭇 달랐다. 이 집은 스코틀랜드 출신인 윌리엄 머레이 경과 그의 딸 엘리자베스의 화려했던 삶이 마치 얼음 속에 냉동된 듯 고스란히 갇혀 있다. 우리는 호기심 서린 눈길로 그것을 조금씩 녹여 가며 뿌연 과거를 애써 들여다봤다.

한집 한집 저택을 순례해 오면서 집이란 그곳에 살던 사람과 처음부터 뗄래야 뗄 수 없는 관계에 있음을 자연스레 깨달았지만, 인물에 대한 사전 지식과 조사가 언제나 미흡했다. 마치 맞선 볼 사람에 대한 정보도 없이 '일단 만나고 보자'는 식으로 늘 '사후 조사'가 되어 버렸지만, 한편으로 생각하면 준비 없이 맞닥뜨리는 것이 오히려 한 시대와 그 시대 인물들의 흔적을 가감 없이 받아들이는 데 도움이 될는지도 모르겠다는 생각이 들기도 하였다. 목적지를 정하지 않고 발길 닿는 대로 떠나는 여행에서 오히려 더 많은 것을 보고 만나고 느낄 수 있는 것처럼.

찰스 1세의 궁정에서 녹을 먹는 머레이 경은 그의 세련된 예술적 취향을 흠뻑 빨아들였다. 시민혁명이 일어났을 때 머레이 경은 잠시 프랑스로 망명을 떠났으나 1660년 찰스 2세가 왕위에 복귀하면서부터 다시 권력의 중심에서게 되었고, 머지 않아 햄 하우스는 내로라하는 인사들이 문턱을 닳도록 드나드는 영화를 누리기 시작했다. 1672년 머레이 경의 딸 엘리자베스는 당시 정계, 재계에 영향력이 큰 로더데일 공작과 재혼을 하면서 햄 하우스를 작은 궁전에 버금갈 만큼 치장하기 시작했다. 전남편과의 사이에서 낳은 자식이 열한 명이나 딸린 그가 로더데일 공작과 결혼한 것을 보면, 시쳇말로 '이쁘거나 돈이 많거나' 했을는지도 모르겠지만, 역시 유산과 결혼은 그 시절 한 가문의 영락을 결정짓는 가장 중요한 요소였음을 또다시 확인하게 한다. 신분상승의 사다리에 오르는 데 필요한, 유산과 결혼이라는 이 두 발판이 오늘날에는 그 힘을 좀 잃었을까, 아니면 더욱 강력해졌을까.

로더데일 공작 부부는 실내장식에 꽤 관심이 많았던 듯하다. 공작이 프랑스와 네덜란드 지역을 두루 여행하면서 그 지역의 유명한 장인들을 찾아내 영국으로 초빙하였을 뿐더러 당시로서는 생소하던 전문 실내장식가까지 고용했다. 프란츠 클레인Franz Cleyn이라는 이 디자이너는 네덜란드에서 수학한 뒤 이탈리아와 덴마크에서 활동했고, 제임스 1세가 왕립 태피스트리 공장인 모트레이크Mortlake의 사장으로 임명할 만큼 경험과 능력을 갖춘 인물이었다. 덕분에 햄 하우스는 그의 감독 아래 작은 궁전과 같은 격조를 갖추게 되었다.

실내에 들어서면 17세기 네덜란드 풍속화에서 보이듯 홀의 바닥에 검고 흰 대리석이 시원스레 격자무늬를 이루고 있다. 벽난로 위에는 영국 최고의 풍

현관 홀. 흑백의 체크무늬 대리석 바닥은 17세기의 원형 그대로이다. 천장은 1628-1728년에 2층 화랑과 통하도록 뚫었다. 벽난로 위에 있는 마르스와 비너스 조각상은 집주인 머레이 경 부부 얼굴을 묘사한 것이다.

경화가 존 콘스터블John Constable의 풍경화 사이에 서 있는 조각상이 방문객을 맞는다. 이것은 전쟁의 신 마르스와 미의 여신 비너스로 분한 윌리엄 머레이 경과 그의 부인 캐서린의 조각상이다. 늘 이상화된 그리스, 로마의 조각에만 익숙해서 실제의 얼굴을 조각한 모습을 보니 무척 낯설다.

홀을 지나 왼쪽 계단으로 올라가니 화려한 막이 오르기 전에 울리는 군악대의 팡파르처럼 웅장한 난간이 눈앞에 펼쳐진다. 어릴 적 고모집에 놀러가면 반들반들한 나무 계단이 있었는데 나는 신데렐라라도 된 양 한 칸씩 조심스레 오르곤 했다. 그래서인지, 내게 계단은 지금도 멋진 집의 상징으로 남아

1638년부터 이 년에 걸쳐 만들어진 계단 난간. 트로피, 과일 바구니가 사실적으로 조각되어 있고 짙은 색으로 칠해진 데에다 세월의 두께까지 더해져 마치 청동 난간 같다.

계단 난간. 난간 기둥 꼭대기에는 과일 바구니가 정교하게 조각되어 있다. 과일 바구니 조각은 풍요로움을 상징한다.

난간 세부. 난간에는 승리와 영광을 의미하는 무기 트로피가 사실적으로 조각되어 있다.

있다. 햄 하우스의 격조 있는 계단은 계단을 오르는 이들이 우월감을 느끼게 하면서도 또 동시에 묘한 위압감을 느끼게 한다. 난간에는 미늘창과 방패 모양의 카르투쉬, 머스켓 총, 나팔총과 같은 무기들이 조각되어 있고, 난간 기둥 꼭대기에는 과일 바구니가 정교하고 사실적으로 조각되어 있다.

여기에 조각된 것처럼 그리스, 로마 시대에 전쟁에서 적의 무기를 빼앗아 나무 꼭대기에 묶어 승리를 기념한 것이 트로피trophy이의 시작이다. 그러니까 원래는 전쟁에서의 승리를 기념하는 '전리품'이던 것이, 언제부터인가, 운동경기에서 승리한 선수에게 수여하는 '상패'로서 그 전통이 이어지고 있는 것이다. 난간 기둥 위의 꽃과 과일 바구니는 코뿔소의 뿔과 마찬가지로 풍요함을 나타낸다. 영광과 풍요로움을 상징하는 트로피와 과일 바구니가 햄 하우스의 위상을 적절히 표현해 준다.

2층으로 올라가면 가운데에 둥근 화랑이 있고 벽 쪽으로는 빙 둘러가며 가족 초상화가 걸려 있다. 이곳은 본디 손님들을 대접하던 식당이었는데, 18세기에 지금처럼 아래층 현관 홀이 훤히 내려다 보이도록 바닥을 터 버렸다. 덕분에 1층 현관 홀에서부터 2층까지 툭 트인 높고 시원한 천장이 집안 분위기를 한결 격조 있게 만든다. 이곳에서 저녁을 먹은 손님들은 바로 옆방 '북쪽 거실(The North Drawing Room)'에서 다과를 대접받았을 것이다.

북쪽 거실은 흰 대리석 벽난로 주변 장식이 무척 화려하다. 벽난로 양옆의 구불구불한 기둥 모양 조각은, 라파엘로가 로마의 성 베드로 대성전에 있는 베르니니Giovanni Lorenzo Bernini(17세기 로마의 건축가이자 바로크 조각가.)의 발다키노에서 영감을 얻어 그린 태피스트리의 밑그림과 비슷하다. 이러한 나선형 기둥은 예루살렘의 솔로몬 성전에 있었다고 여겨서 흔히 '솔로몬 기둥'이라고 부른다. 사람의 영혼이 하늘나라로 올라가려는 것을 형상화한 것이라 한다.

그런데 17세기 가구에 유독 나선형 다리가 많은 것이 솔로몬 기둥과 관련이 있지 않을까 하는 생각을 해 온 지 오래되었는데, 건축도 가구도 그들의 '은밀한 관계'에 대해서는 여전히 묵묵부답이다.

북쪽 거실 전경. 벽난로 양옆을 나선형의, 일명 '솔로몬 기둥'이 화려하게 장식하고 있다.

한쪽 벽에는 흰색 천장 및 흰색 대리석 벽난로와 빛깔을 맞춘 새하얀 장식장이 있다. 1660년 무렵 네덜란드에서 만들어진 것으로 추정된다. 상아를 조각한 판을 바탕 나무에 붙인 것으로, 자세히 들여다 보면 상아를 마치 잔물결이 이는 듯 규칙적으로 잘라 붙였는데 이것은 흑단 장식장에서 익히 보던

북쪽 거실에 놓인 네덜란드 지역 상아 장식장. 17세기 네덜란드의 흑단 장식장과 같이 물결무늬 자름으로 테두리를 장식했다. 1655-1660년 무렵 작.

방식이다. 흑단이 워낙 단단하여 인물이나 풍경 같은 구상적인 무늬를 새기기가 어려워서 이처럼 단순하고 반복적인 무늬를 구사하다 보니 물결무늬 자르기 따위의 기법이 흑단 장식장 꾸미기의 기본이 되었다. 오죽하면 흑단을 잘 다루는 사람이라는 의미의 프랑스어 '에베니스트 ébéniste'가 '가구 제작자'를 의미하게 되었으랴. 그만큼 흑단은 손쉬운 재료가 아니었다. 지금까지 물결무늬 흑단 장식장만 보아 왔던 터라, 이곳의 새하얀 상아 장식장이 퍽 이채롭다. 흑단과 마찬가지로 상아 또한 값비싼 재료라서 보통 흰 꽃을 묘사할 때나 장식으로 조금씩 아껴 쓰는데, 이 장식장은 상아를 전체에 휘감았으니 그 값어치가 상당했을 것이다.

이 장식장은 문을 열면 한약방 약장처럼 작은 서랍이 빼곡하다. 보통 광물 표본, 조개 껍데기, 산호, 보석, 동전 따위의 수집품을 넣어 두고는 손님들에게 자랑 삼아 꺼내 보여 주곤 했으리라. 오늘날 흔한 유리 장식장이 나오기 이전에는 장식장은 이처럼 문짝 속에 작은 세부 공간들을 만들어 넣어 귀한 물건을 보관했다. 장식장을 뜻하는 '캐비닛'이라는 말은 본래 개인의 귀한 수집품을 두는 방을 의미했다.

장식장 양옆으로 돌고래 모양이 조각된 팔걸이 의자가 손님을 기다리며 나란히 놓여 있다. 지금은 핑크색 천을 씌웠는데, 본래는 푸른색 천을 씌웠다. 아마도 푸른 바다색이 돌고래 조각과 더 잘 어울렸을 것이다. 이 의자들은 엘리자베스가 1670년 무렵 파리를 여행할 때 산 것으로 추정된다. 등받이와 앉는 부분이 등나무 줄기 짜임이 아니라 푹신한 쿠션이다. 당시로는 아주 세련된 고급품으로서, 프랑스 루이 14세 시대의 바로크 양식이다.

오른쪽으로 나오면 집의 서쪽 폭 전체 길이에 해당하는 방이 있다. 말 그대로 긴 화랑(the Long Gallery)인데 양쪽 벽에서 들어오는 햇빛만으로는 이 긴 방을 밝히는 데에 한계가 있어, 1904년에 전기 조명이 그림을 아래에서 위로 비추도록 하였다. 이런 조명 효과가 초상화 속 인물들을 침침한 벽으로부터 유령처럼 드러나게 해서 그림에 시선 맞추기가 저어하다. 그림에도 불구

긴 화랑 전경. 이곳은 1639년에 윌리엄 머레이 경을 위해 새로이 단장되었다. 벽에 붙인 나무판은 이니고 존스Inigo Jones의 고전 건축 양식에서 따온 것이다. 어두운 색상의 벽판과 초상화가 엄숙한 분위기를 자아낸다.

하고 벽에 붙은 가구들이 자꾸 자석처럼 나를 끌어당긴다.

먼저 칠기 장식장이 눈길을 사로잡는데, 바구니를 머리에 인 사람 모양의 촛대가 근위병마냥 장식장을 양쪽에서 호위하고 있다. 보통 중국과 일본에서 수입한 칠기 함은 청화백자와 더불어 17세기 귀족들 사이에선 '머스트 해브(필수품)'이었기에, 이처럼 특별히 조각한 받침에 올려 장식장으로 재탄생되곤 했다. 이곳 긴 화랑에 있는 칠기 장식장은 일본의 칠기 함을 네덜란드 양식의 다리에 얹은 것이다.

이런 식의 동, 서양 퓨전 장식장이 당시에 영국, 네덜란드, 프랑스 등지에서 크게 유행하였는데, 그 수요를 감당하기 힘들어 이른바 '짝퉁' 칠기도 나왔다. 그들 '짝퉁' 칠기는 옻나무 수액 칠이 아니라 겉모양만 옻칠과 비슷하게 흉내 낸 방식으로 '재패닝Jappaning', 곧, '일본 칠'이라고 일컬어졌다. 본디 칠기는 중국에서 유래하여 우리나라를 거쳐 일본으로 전해진 것인데, 17세기 유럽인들은 이것을 모방할 때 '중국 칠'이 아니라 '일본 칠'이라고 부른 점이 퍽 의아하다. 원산지에 대한 무관심 때문은 아니었을 텐데, 일본의 마케팅의 힘이었는지는 정확히 알 수 없다.

이 일본 칠기 함을 받치고 있는 다리는 토실토실한 아기 천사(푸토putto)의 상반신과 해마 꼬리 같은 하반신이 결합된, 이른바 '푸토 험putto-herm' 모양이다. 다리 사이에 있는 기괴한 가면은 박쥐 날개 같은 카르투슈cartouche

일본 칠기장에 네덜란드식 받침을 결합한 장식장. 양쪽에 흑인 모양 촛대의 호위를 받고 있다. 1630-1650년 무렵.

일본 칠기 장식장의 세부. 아기 천사의 하반신과 가운데 가면의 형태처럼 흐물흐물한 살과 같이 표현하는 것을 '오리큘러' 양식이라고 부른다.

안에 둘러싸여 표정을 일그러뜨리고 있다. 카르투슈는 장식 디자인에서 판지의 끝이 말려 올라간 것 같은 모양의 무늬로, 바로크 건축의 장식으로 즐겨 쓰였다.

한편, 이 장식 받침처럼 흐물흐물 녹아 내리는 살처럼 표현하는 것을 사람의 귓바퀴 모양을 닮았다고 하여 '오리큘러auriclular' 양식이라고 부른다. 오리큘러 양식은 네덜란드의 은 세공사 애덤과 폴 반 비아넨Adam, Paul van Vianen 형제에 의해 17세기 네덜란드에서 크게 유행했는데, 영국 국왕 찰스 2세가 애덤의 아들 크리스티앙 반 비아넨Christian van Vianen을 발탁하여 오리큘러 양식의 은 제품을 꽤 많이 만들게 함으로써, 영국에서도 널리 유행했다.

이국적인 것과 기괴한 것이 만나 묘한 조화를 이루고 있는 이 장식장은 당시 유행의 첨단을 대변하고 있다. 벽에 걸린 그림틀도 모두 같은 양식으로, 부드러운 굴곡을 표현한 뒤에 금도금을 입혀서 진짜 금처럼 보인다.

오리큘러 양식의 받침이 있는 칠기 장식장 맞은편 벽에는 나선형 다리를 한 호두나무 장식장과 꽃무늬 흑단 장식장이 놓여 있다. 주로 흐드러지게 핀 꽃을 묘사했고, 군데군데 상아로 흰꽃을 표현했다. 프랑스의 궁정 가구 제작자 피에르 골Pierre Gole의 것과 비슷하다. 17세기는 '장식장의 전성시대' 답게 여러 가지 양식이 나왔다. 이국적인 칠기 장식장 외에도 흑단에 거북 등껍질

흑단에 여러 가지 무늬목을 쪽매붙임한 장식장. 1675년 무렵 작.

(귀갑)을 붙이거나 쪽매붙임을 장식한 멋들어진 장식장들도 17세기 무역과 경제의 중심지인 스페인, 네덜란드, 영국을 중심으로 활발히 제작되었다.

어둡고 긴 화랑에서 한참 동안 가구를 들여다보느라 확장된 동공이 밝은 빛을 찾는다. 빛을 따라 이어진 방으로 들어서니 시원한 초록색이 눈을 달래 준다. 작은 방을 의미하던 '클로젯Closet'(요즘은 옷장이라는 뜻으로도 쓰임)도, 캐비닛과 마찬가지로, 공간에서 사물로 그 의미가 축소되었다. 긴 화랑에 붙어 있는 이 내실(클로젯)은 머레이 경이 자신의 예술적 취향을 드러내는 사적인 공간이었다. 정교하게 그린 작은 초상화 수집품, 은장식을 한 흑단 탁자, 바로크 양식의 천장화 등 그의 내실은 작지만 강렬한 인상을 내뿜는다.

작은 방 '초록 내실(클로젯)'에는 웅장한 바로크 양식의 천장화가 있는데, 이 집의 실내장식을 맡은 프란츠 클레인의 솜씨다. 벽에는 머레이 경의 작은 초상화 수집품이 올망졸망 붙어 있다. 은을 붙여 장식한 바로크 양식의 흑단 탁자도 놓여 있다.

프랑스 궁전은 계단을 중심으로 왕과 왕비의 처소가 좌우로 나뉘어 죽 이어진다. 햄 하우스도 그런 프랑스 궁전의 구조를 따랐다. 햄 하우스의 경우에는 긴 화랑의 왼쪽이 공작 부인의 처소다. 바깥쪽에서부터 '여왕의 곁방'(퀸스 안티 체임버), 침실, 그리고 맨 안쪽의 '여왕의 내실'(퀸스 클로젯)까지 방들이 일렬로 이어진다. 안주인인 공작 부인의 손님으로 햄 하우스에 초대되었을 때 여왕의 내실까지 안내되었다면 안주인과의 친밀도는 최상급이라고 봐도 좋다. 만일 전에는 내실까지 갔는데 어느 날 곁방에서 기다리라고 한다면 안주인과의 관계에서 문제가 생긴 것이다. 이것은 신분과 계급에 따라서 더 깊숙이 들어갈 수 있던 프랑스 궁전 의례와 비슷하다. 권력의 핵심으로 들어가는 상징성이 건축에 반영된 사례다.

2층에서 다시 1층으로 내려오면 공작 부인의 개인 내실(The Duchess's Private Closet)과 하얀 내실(The White Closet)이 나란히 있다. 개인 내실은 공작 부인이 가장 좋아하던 방으로 알려져 있다. 부인은 낮시간에 주로 이곳에서 시간을 보내며 차를 마셨다. 차가 영국에 처음 소개된 때가 1650년 무렵이었고, 공작 부인이 이곳에서 차를 즐기던 때가 1670년대였다. 당시에는 차는 이른바 '상위 1퍼센트'만이 누리던 호사였다. 자바에서 들여온 상판에 다리를 짜서 만든 테이블과 '일본 칠'을 한 의자, 중국에서 수입한 찻잔과 주전자까지 차를 즐기기 위한 만반의 준비로 분위기를 제대로 냈다.

2층에서 처럼 1층에도 다른 방들이 즐비하지만, 2층의 강렬함만 못하다.

'여왕의 내실'이라고 부르는, 복도 맨 안쪽에 있는 작은 방. 손님이 안주인을 알현하거나 안주인이 손님과 은밀한 대화를 나누는 장소이다. 붉은색 천을 씌운 의자 두 개는 등받이의 각도를 조절할 수 있도록 고안된 것으로 1679년에는 이것을 '슬리핑 체어'라고 불렀다.

1층에 있는 공작 부인의 개인 내실. '일본 칠'을 한 의자와 자바에서 들여온 탁자로 만든 다탁이 이국적인 정취를 풍긴다.

1층 가운데에 자리한 대리석 식당(The Marble Dinging Room)에 들어서면 파이프 담배의 알싸한 향이 배어 있는 듯 코끝에 묘한 냄새가 감돈다. 1756년에 벽지 대신 붙였다는 가죽 때문일까. 로더데일 경은 늘 파이프 담배를 물고 살았다는데 어쩌면 그의 향취가 이 방 공기 입자에 영원히 녹아 버렸는지도 모르겠다. 이 식당은 로더데일 가족이 오붓하게 식사하던 공간으로, 저녁 식사는 대개 오후 2시 무렵에 시작되었다. 오늘날의 늦은 점심쯤에 해당하는 시간이다. 보통 두세 코스의 요리를 먹었고 와인도 곁들였다. 벽 쪽에는 와인의 온도를 시원하게 하는 대리석 냉각기가 있다.

대리석 식당. 바닥은 나무를 대리석처럼 짜 맞춘 파케 플로어parquet floor이고, 벽에는 무두질한 가죽을 벽지 대신 붙여서 음식 냄새가 배는 것을 방지했다.

'공작의 옷 방(The Duke's Dressing Room)'에는 검은 대리석을 두른 벽난로가 있고 또 그에 어울리는 검은 장식장이 있다. 장식장의 겉면이 희끗희끗 부분적으로 벗겨진 것을 보니 흑단을 붙인 것이 아니라 흑단처럼 보이도록 검게 칠을 한 것이다. 이런 것을 '흑단 칠(ebonised)'이라고 부르는데, 칠기를 모방한 '일본 칠'과 더불어 경제성을 고려한 제품으로 당시 흑단 장식장이 얼마나 비쌌는지 간접적으로 말해 준다. 무늬가 전혀 없는 이 장식장은 아주 현대적으로 보이기도 하는데, 반듯한 장식장에 붙은 나선형 다리는 신선한 시각적 변용이자 그야말로 바로크 음악의 변주다. 장식장의 위와 아래, 벽난로

공작의 '옷 방'. 이방은 공작의 침실 옆에 위치한 방으로서 옷을 갈아입거나 개인 사무를 보았다. 왼쪽에 놓인 네덜란드산 흑단 장식장은 1675년 무렵에 제작된 것이다. 원래는 책상도 두 개 놓여 있었다고 한다.

위에 놓인 청화백자는 17세기에 유행하던 진열 방식 그대로다. 다른 방에서도 보았지만 검은색과 청화백자의 희고 푸른, 그 대조적인 빛깔의 조화만으로도 바로크 양식은 웅장하다. 로더데일은 슬하에 후손이 없어서, 엘리자베스가 첫 결혼에서 얻은 자식들이 차례로 햄 하우스를 물려받았다. 이들이 어머니의 뜻을 기리며 잘 보존한 덕택에 오늘날 우리가 삼백 년 전을 여행할 수 있는 기회를 갖는다. 참 쉽지 않은 일이다.

공작의 내실. 공작의 침실 옆에 붙어 있는 그의 가장 사적인 공간이다. 검정색과 올리브색의 천은 당시의 느낌을 살려 뒤에 재현한 것이다. 벽쪽에 놓인 책상은 깔쭉무늬 느릅나무를 붙이고 흑단과 은으로 장식해 매우 고급스럽다. 여기에도 나선형 다리가 보인다.

동쪽 정원. 1671년도 디자인 형식을 따라서 라벤더와 깎은 정원수(토피어리)로 정원을 꾸몄다.

클레이든 하우스

최고의 로코코 장식,
가 버린 사람
가 버린 유행

Claydon House

주소 Middle Claydon, near Buckingham MK18 2EY
전화 01296 730349
개관 방문 전 확인 필요
입장료 어른 7파운드, 어린이 3.50파운드, 가족 17.50파운드 영국 귀족들의 저택은 들어가는 입구부터 예사롭지 않다. 주변은 아름다운 풍광을 자랑하며 마차를 타고서도 한참을 들어가야 할 것 같은, 그러다가 저택이 짠하고 모습을 드러내면 헉 하고 숨을 들이마시게 되는 게 순서인데 런던의 북서쪽 버킹엄셔에 있는 클레이든 하우스는 사뭇 달랐다. 마치 옆문으로 잘못 들어선 듯 어정쩡하게 안으로 들어가게 된다. 이는 붙어 있던 건물을 허물어 버려서, 지금의 입구가 예전에 있던 건물로 통하는 문이기 때문이다. 건물의 규모도 처음의 삼 분의 일쯤 남아 있다. 그러니까 지금의 모습은 가운데 돔 지붕을 얹은 삼 층짜리 몸통에 붙어 있던 한쪽 날개에 불과하다. 1757년 무렵부터 짓기 시작한 이 집은 원래는 가로 길이만도 78미터쯤 되었다고 하니 버킹햄셔에서 가장 큰 저택을 소유하고자 했던 주인장 바니 백작의 의도대로 당시에는 어마어마했으리라 짐작된다.

하지만 이 집은 건축 전문가들 사이에서는 좋은 평가를 받지 못했다. 왜냐하면 이 건물은 전문 건축가에 의해 설계되고 시공된 것이 아니라, 석공이자 나무 조각가인 루크 라이트풋Luke Lightfoot이라는 사람의 손에 거의 맡겨졌기 때문이었다. 이 약삭빠른 조각가가 자신의 고객인 바니 백작을 어떻게 구워 삶았는지는 모르겠지만, 그는 건축에 관해서는 거의 '초짜'나 다름없었기에 이 건물의 부실은 웬만큼 예견된 것인지도 몰랐다. 1768년에 이 집을 방문한 어떤 이는 "조각가 라이트풋이라는 작자는 방을 조각으로 채우는 것밖에 생각할 줄 모르는 듯하며, 디자인이나 제작 방식이 모두 저질 취향이다" 하고 혹평했다.

바니 백작은 자신의 정치적 입지를 굳히기 위해 당시 정계, 재계의 주요 인사들을 클레이든 하우스로 모셔 연회를 벌이기 좋아했다. 그러고 돈을 흥청망청 쓴데다가 잘 빌려 주기도 했으며, 또 꾸어 준 돈을 받지 못하는 일도 잦았다. 결국 빚더미에 앉게 되어 집 안의 가구를 팔아 빚잔치를 하고도 모자라 결국은 프랑스로 도망쳤다고 한다. 얼핏 들어 봐도 백작은 사람만 좋은 '한량'이 아니었을까 싶다. 돈은 버는 것보다 관리가 더 중요하다는 생각을 하며 걸음을 옮겼다.

이 집이 비록 당시에는 취향이 저급한 집으로 평가받았을지 모르겠지만, 오늘날에는 영국에 남아 있는 '최고의 로코코 장식'으로 인정받고 있으니 역사의 평가는 역시 엇갈린다. 취향이라는 것은 돌고 도는 유행의 틀 안에서 시류에 맞으면 최첨단이고 세련됨이요, 뒤처지면 한물간 몰취미가 되고 마니, 개인의 취향은 섣불리 왈가왈부할 문제는 아닌 듯하다. 아무튼 취향은 차치하고, 미술사의 견지에서 보면, 약삭빠른 라이트풋의 조각은 로코코 장식을 대표할 만한 자질을 충분히 갖추었다. 문틀을 비롯해 조각상을 놓은 벽감의 테두리, 벽난로 위, 그리고 천장과 쇠시리에 이르기까지 눈이 어지러울 정도로 유려한 곡선과 복잡한 문양이 한데 얽혀 하나의 걸작을 이루고 있다. 과연 그는 방을 조각으로 채우는 데에 온 정신을 쏟은 모양이다.

홀 안의 조각 무늬가 참 독특하다. 벽감 주변의 틀은 로코코 특유의 구불거리는 'C'자 또는 'S'자 모양으로 잎사귀인 듯 깃털인 듯한 것들이 나부끼고,

북쪽 홀 전경. 벽난로 앞에 서 계신 자원봉사자의 키 높이와 비교해 보면 홀 천장의 높이를 가늠할 수 있다.

날카로운 부리를 가진 두루미처럼 생긴 '호호새(ho-ho bird)'가 바위 위에서 한 발로 균형을 잡고 있으며, 바구니를 머리에 인 사람들이 등장하는가 하면, 그 위쪽으로는 상상 속에서나 나올 법한 암수 한 쌍의 익룡이 괴상한 소리를 지르면서 날개를 퍼덕이며 올라 앉은 모양새다. 수염 달린 마스크도 기괴함을 더하는데 그 위의 작은 받침대에는 중국 청나라 때의 자기가 놓여 있어 이국적인 풍류를 살짝 더하고 있다. 호호새는 중국의 봉황을 가리키는 것으로 추정된다. 봉황의 일본식 발음이 '호오ほうおう'인데 이것이 유럽에 전해지면서 '호호'로 정착된 듯하다. 봉황鳳凰은 고대 중국 전설에 나오는

벽감틀에 조각된 인물상과 한 쌍의 익룡, 마스크가 기이한 자태를 뽐고 있다.

상상의 새로서 수컷 봉鳳과 암컷 황凰의 한 쌍을 가리키며 상서로움을 뜻한다. 서양에서는 칠기 가구나 도자기에 묘사된 봉황을 상징적인 의미보다는 단순히 이국적인 정취로 받아들여져 시누아즈리의 대표적인 모티브로 정착했다.

북쪽 홀 벽감 옆에 조각된 '호호새'

이처럼 기이한 디자인은 사실 라이트풋의 상상력에서 나온 것은 아니다. 18세기 중반에 널리 알려진 로코코 스타일의 판화를 베껴 조각한 듯한데, 1744년에 출판된 마티아스 록Matthias Lock의 디자인이 그 출처가 아닐까 싶다.

벽난로 옆 기둥의 조각 인물들이 머리에 포도 넝쿨 바구니를 이고 있는 것은 이 방의 용도가 식당이었음을 암시한다. 이 모든 조각이 얼핏 보면 회벽 장식처럼 보이는데 실제로는 소나무를 조각하여 칠을 입힌 것이다. 그만큼 품도 많이 들고, 비용 또한 높았으리라.

약삭빠른 라이트풋은 모든 자재비며 공사비를 실제보다 터무니없이 부풀려가며 어수룩한 백작의 단물을 쪽쪽 빨아먹다가 결국은 탄로가 나는 바람에 1769년에 해고되고 말았다.

살룬의 천장. 고전적인 문양의 이 회벽 장식은 회벽 장식가 조셉 로즈의 작품이다.

오른쪽 큰 방으로 들어가면서 눈에 띄는 것은 육중한 마호가니 문짝이다. 자원봉사자 한 분이 이것은 무게가 반 톤, 곧 500킬로그램에 달해서 절대 도둑맞을 일은 없으며(어떤 도둑이 집어갈까마는), 건장한 청년 여섯 명이 들어야만 옮길 수 있다고 자랑한다. 이런 문에 자칫 잘못 끼이기라도 하면 경을 치겠다는 쓸데없는 생각을 하며 '살룬(The Saloon)'이라고 부르는 방으로 들어서니 앞서 본 북쪽 홀과는 그 양식이 판이하게 다르다. 라이트풋을 엄청나게 비판했던 버니 경의 친구 토마스 로빈슨 경도 이 방만큼은 "그다지 나쁘지 않고 여기의 부조리는 쉽게 해결될 수 있다"고 평가했단다. 그 뒤에 로빈슨

육중한 마호가니 문짝으로 연결된 살룬. 신고전주의 스타일의 회벽 장식이 차분하고 고전적인 인상을 풍긴다.

경의 주선으로 이탈리아 출신 회벽공들이 이 집의 공사를 맡게 되었고, 라이트풋은 자신의 밥그릇을 위협하는 이들에게 물론 비협조적이었다. 로코코 스타일의 격정적인 표현에서는 자신의 기술을 과시하고자 하는 라이트풋이, 차분한 신고전주의 스타일의 천장 회벽 장식에서는 체계적으로 일을 진행하는 회벽공들을 버겁게 지켜보는 모습이 어렴풋이 그려진다.

이어지는 방은 서재다. 본래는 식사 뒤에 자리를 옮겨 다과를 즐기고 휴식을 취하는 '퇴실(Withdrawing Room)'이었는데, 19세기에는 바니 가의 후손 해

팔각형 테이블. 이탈리아 로마에서 구입한 마이크로 모자이크 상판에 라이트풋이 조각한 쪼가리들을 붙여 테이블로 만들었다. 대리석 상판에는 실레노스가 묘사되어 있다.

리 경이 방을 지금처럼 꾸몄다고 한다. 이 방에 있는 가구 가운데에 특히 팔각형의 테이블이 눈에 띈다. 이 테이블은 1826년 무렵 해리 경이 로마 여행 중에 구매한 '마이크로 모자이크' 상판을 가지고 만든 가구이다. 이 대리석 판은 산산조각이 난 채 영국으로 배송되어 로마로 다시 돌려보내 수리를 하는 수난을 겪었다. 마이크로 모자이크란 자잘한 대리석 알갱이를 모자이크처럼 붙여 만든 것을 말한다. 예로부터 이탈리아의 로마, 피렌체 등지에서 이처럼 대리석을 잘라 붙이는 기술이 발달했다. 당시 마이크로 모자이크는 이 테이블처럼 아마도 배송비 절감 차원에서 종종 판 형태로 구매하여 도착지에서 나중에 가구로 만들기도 하였다.

이 테이블 상판에 묘사된 인물처럼 포도 넝쿨을 머리에 두르고 있으면 보통 술의 신 바쿠스라고 생각하는데, 이 상판에는 이것과 관련된 편지가 발견됨으로써 그 정체가 늘 술에 취해 있는 바쿠스의 친구 실레노스임이 밝혀졌다.

마이크로 모자이크 테이블

테이블의 다리는 이 집에서 뜯어 낸 자재 가운데에서 라이트풋의 조각을 일부 수습해 맞춘 것이다. 처음부터 세트였다 해도 믿을 만큼 꽤 잘 어울린다.

라이트풋의 조각 쪼가리를 재활용한 또 다른 예는 서재용 사다리다. 이것은 아마도 그가 디자인한 계단 난간의 일부인 듯

한데 구불구불한 곡선에 흐르는 듯한 물, 잎사귀, 격자 투각까지 로코코 무늬의 총집합이라 할 만하다. 페인트 칠을 하지 않아서 조각의 맨살이 그대로 느껴진다.

이 집 1층에서 내 눈을 사로잡은 것은 단연 2층으로 향하는 계단이었다. 나무 계단은 마호가니 바탕에 흑단과 회양목으로 기하학적인 문양을 내도록 상감을 하고 거기에다 하얀 상아도 박아 넣었다. 아까 본 육중한 문과 재료가 똑같은데 이 또한 라이트풋의 작품이다. 비록 빛깔은 많이 바랬지만 벌어진 틈이 거의 없을 정도로 야무지게 짰다. 계단의 높이는 드레스를 입고 사뿐사뿐 걸어 오르기 좋을 정도로 나지막하다.

서재용 사다리.
라이트 풋이 디자인한
계단 난간의 조각을
이용해서 만든 것이다.

계단 철제 난간도 솜씨가 일품인데 아쉽게도 제작자는 알려져 있지 않다. 구불구불 경쾌한 곡선 사이사이에는 꽃 장식이 가로로 늘어져 있고 틈새로 옥수수 대가 비집고 나오는 모양새다. 그런데 이것들이 모두 고정된 것이 아니라 계단을 오르면 서로 부딪치면서 쏴르르 촤르르 소리가 나도록 고안되었다. 안타깝게도 19세기에 보수공사를 하면서 나사를 너무 세게 조이는 바람에 이제는 그 우아한 소리를 들을 수 없다. 문득 한 여인이 바람 부는 옥수수 들판을 거니는 장면이 연상된다. 잠시 멈춰 섰던 계단을 다시 오르자 아쉬운 대로 삐걱삐걱, 철거덕거리며 조금은 지친 듯한 연주를 들려준다. 평상시에

일명 '노래하는 계단'. 계단을 오르면 철제 난간이 쏴르르 소리가 나도록 고안되었으나 19세기에 너무 나사를 많이 조이는 바람에 이제는 철거덕거린다.

는 이 오래된 계단이 연주를 쉬어야 하기 때문에 방문객들은 이곳으로 오를 수 없다.

2층으로 올라가면 플로렌스 나이팅게일이 이 집에 머무를 때마다 사용했다는 방이 있다. 처음에는 혹시 우리가 아는 '백의의 천사 나이팅게일'인가 싶어서 궁금해했다. 알고 보니 해리 경이 바로 그 나이팅게일의 언니 파시노프와 재혼을 했고, 나이팅게일은 1857년부터 1890년 사이에 가끔씩 언니의 집인 이곳을 방문했다고 한다. 나이팅게일은 아마도 전쟁터와 런던에서의

플로렌스 나이팅게일의 방. 그녀가 사용했다고 하는 기둥 달린 침대와 그녀와 관련된 크고 작은 물품들이 놓여 있다.

고된 일에서 잠깐씩 벗어나 이 한적한 클레이든에서 머리를 식혔으리라. 나이팅게일은 크림전쟁 당시 밤낮없이 병사들을 돌보았기 때문에 널리 알려진 대로 '등불을 든 여인'이라는 별명이 따라다녔다. 그가 정부에 보낸 수백 통의 편지와 보고서 덕분에 영국의 의료와 군인 복지가 크게 향상되었다고 한다. 나이팅게일처럼 세상을 바꾸는 사람들이 진정한 위인이리라.

나이팅게일이 직접 만든 발의자 커버.

그 방에는 나이팅게일이 직접 만들었다는 발의자 커버가 있다. 그가 만들었다는 것을 몰랐다면 그냥 지나쳐 버릴 평범한 의자건만, 나이팅게일의 갸륵한 손길이 닿았다고 생각하니 그다지 정교하지는 않은 퀼트 솜씨도 제법 예술적으로 보인다. 역시 편견은 사람을 눈멀게 한다.

그러고 보니 내가 위인전을 마지막으로 읽은 것이 언제였더라. 잘 기억이 나지 않는다. 아들에게는 그렇게 권하면서 정작 나는 왜 읽지 않는 걸까. 더는 위인이 될 가능성이 없어서인가, 아니면 이미 평범한 어른이 되어 버려서 비교 당하기 싫어서인가. 둘 다이지 싶다. 나에게 "엄마, 엄마는 꿈이 뭐야? 그게 뭐든 꿈을 잃지 마!" 하며 어른스럽게 격려해 주던 9살짜리 아들 녀석을 생각하면서 서울에 돌아가면 다시 위인전을 읽어 보리라 마음먹는다.

클레이든 하우스의 하이라이트는 누가 뭐래도 '중국 방(The Chinese Room)'

이다. 내 취향은 아니지만, 이 집에서는 이 중국 방이 가장 흥미롭다. 방 전체가 온통 중국 풍으로 꾸며져 있는데, 실제의 중국과는 거리가 먼, 상상을 바탕으로 꾸민 일종의 무대장치와도 같은 느낌이다.

마호가니 문짝은 화려한 흰색 틀로 장식하고 있는데 양쪽에는 모자를 쓴 중국인 형상의 헴(상반신은 인물, 하반신은 기둥)이 등을 대고 있고, 위에는 잎사귀 모양의 정자 지붕이 올려져 있다. 잎의 끝마다 작은 종이 달랑달랑 매달려 있어, 문을 여닫으면 그 종들이 일제히 흔들려 딸랑거린다. 그런데 중국

중국 방. 화려하게 조각된 문틀과 벽감이 18세기 중반에 유행한, 이른바 '중국-로코코 스타일'의 정수를 보여 준다.

중국 방의 벽난로 장식.

사람의 얼굴이 얼핏 보아도 갸름한 얼굴과 오뚝한 콧날이 무척 서구적이다. 벽난로 주변에도 비슷한 얼굴이 복잡한 'C'자 모양 장식물 사이에서 고개를 내밀고 있다.

방 오른쪽 벽 한가운데에 설치된 벽감은 중국 풍 장식의 최고 절정이라 할 만큼 복잡하고 화려해서 그만 입이 떡 벌어진다. 쑥 들어간 공간을 닫집 같은 장식으로 아늑하게 꾸미고 있는 모습이 로코코 시누아즈리(중국 풍의 로코코) 양식의 신전이라 불러도 좋을 만큼 대단하다. 라이트풋의 중국 풍 로코코 스타일이 이 방에서는 마치 고삐 풀린 망아지 같다.

로코코 시누아즈리의 절정을 보여 주는 알코브.

소파 따위를 놓도록 만든 알코브alcove(벽의 한 부분을 쑥 들어가 있는, 서양식 벽감)의 내부 벽에는 포도 덩굴 옆에서 차를 마시는 중국인들이 입체로 조각되어 있는데, 독특한 차림새의 그 중국인 상은 안으로 고개를 들이민 우리에게 마치 반갑게 인사라도 하는 듯 한결같이 한 손을 번쩍 치켜들고 있다. 북쪽 홀에서와 마찬가지로, 라이트풋은 이 방을 디자인할 때 치펀데일을 비롯해 당시의 여러 디자인 서적에서 아이디어를 얻은 듯하다. 앞에서도 말했듯이, 가구 디자이너인 토마스 치펀데일Tomas Chippendale은 18세기 중반에 로코코, 중국, 고딕 양식을 망라한 디자인 서적을 출간해 당시 유럽 가구에 크나큰 영향을 미쳤다.

저마다의 취향과는 무관하게 이 방에 한번 들어 온 손님은 누구나 깊은 인상을 받았을 것이다. 그런데 이 방이 완성되었을 무렵에는 이미 로코코 스타일이 한물가 버린 때여서, 이 방은 비용은 비용대로 들이고도 실용적인 효용 가치를 제대로 얻지 못한 셈이다.

내가 좋아하는 화가 김환기는 그의 수필에서 "유행이 현명하고 엽기적인 개인에게 독점될 때 그 유행은 일반 사회에서 대중과 유리되고 격리된 특수성, 폐쇄성 또는 추상성을 면치 못할 것이다"라고 했는데, 싸늘하게 식어 버린

중국 방에 설치된 알코브의 안쪽 벽. '안녕하시오' 하고 인사라도 하는 듯 다탁에 마주 앉은 중국인이 재미있게 조각되어 있다.

로코코 시누아즈리의 덧없는 유행에 꼭 맞는 말 같다. 그렇지만 오늘날에는 이 독특한 장식을 보기 위해 많은 사람이 클레이든 하우스를 방문하니, 깊은 인상을 심어 주려고 치장을 시작했던 버니 경의 의도는, 뒤늦게나마, 충분히 달성된 셈이다.

이 집이 전체적으로 잘 지어졌다기보다는 '꾸밈'에 치중했다는 생각은 건물의 서쪽 외관에서도 느껴졌다. 건축에 관해서는 비전문가인 내 눈에도 건물의 외관은 어쩐지 건축 도감 여기저기를 짜깁기한 냄새가 난다.

가운데 얕은 벽감 안에 배치된 직사각형 모양의 창은 테두리를 돌출된 돌로 띄엄띄엄 둘렀는데, 내가 보기엔, 이것이 얕은 벽감의 미감을 퇴색시키고 갑갑하게 만드는 듯하다. 더군다나 벽감 양쪽에 각각 나 있는 두 개의 창에도 타원형과 삼각형의 박공을 얹었는데, 이것은 마치 손님의 선택을 기다리는 치펀데일의 가구 캐털로그처럼 통일성이 부족해 보인다. 언젠가 기회가 되면, 내가 클레이든 하우스에서 느낀 건축적 불협화음이 건축 전문가가 보기에도 그러한지 묻고 싶다.

몸페슨 하우스

유리잔의 합창, 솔즈베리의 트위스트가 되다

Mompesson House

주소 The Close, Salisbury, SP1 2EL
전화 01722 335659
개관 3월 12일-10월 30일 11:00-17:00 (목, 금 휴관)
입장료 어른 5.50파운드, 어린이(18세 이하) 2.75파운드, 가족 13.75파운드

스톤헨지.

영국 잉글랜드 남부 윌트셔의 솔즈베리 시에 자리한 몸페슨 하우스에 가려고 아침 일찍부터 서둘러 차에 몸을 실었다. 런던에서 남서쪽으로 두 시간 남짓 달렸을까, 드넓은 평원에서 아침햇살을 받으며 존재의 아우라를 내뿜는 거대한 돌기둥들이 눈에 들어왔다. 스톤헨지! 잠시 차를 멈추고 기원전 1840년 무렵에 세운 신비의 선돌을 바라보았다. 신과 자연, 인간이 만나는 순간이라는 생각이 잠깐 스쳐 지나갔지만, 아득한 시간과 가늠할 수 없는 깊이 때문에 과부하에 걸린 듯 내 머릿속은 일시에 정지되어 버렸다. 스톤헨지는 이미 꺼져 버린 나의 뇌리에 무언가 큰 이야기를 전하려 하지만, 마치 지구가 도는 굉음이 너무 커서 들리지 않는 것처럼 결국은 나는 아무것도 듣지 못한 채 그곳에서 발길을 돌렸다.

몸페슨 하우스는 1701년 솔즈베리 지역의 국회의원이던 찰스 몸페슨의 집으로 18세기 초반 성당 주변에 새로 들어선 집들 가운데에서 가장 참해서 이곳을 방문하는 이들은 모두 한번쯤 이곳에서 살고 싶다고 입을 모은다. 대성당 안팎에서 우리는 스톤헨지에서 만났던 여러 무리의 관광객과 다시 마주쳤다. 같은 여행길을 들키는 순간, 서로에게 멋쩍은 미소로 화답하며 바삐 눈길을 돌렸다. 다행스럽게도 이 어색한 동행은 몸페슨 하우스가 역사책에 뜨르르하게 이름을 올린 관광 명소가 아닌 덕에 일찍 끝이 났다.

우리가 몸페슨을 기꺼이 간택한 이유는 내로라하는 유리 컬렉션, 그것도 18세기 유리잔 수집이 알토란 같다는 소문 때문이었다. 게다가 이곳은 제인 오스틴의 소설을 원작으로, 휴 그랜트와 엠마 톰슨, 케이트 윈슬렛이 주연한 영화 '센스 앤 센서빌리티(이성과 감성)'의 배경이기도 하니, 우리가 매긴 몸페슨의 예상 점수는 피겨로 치면 이미 트리플악셀에 예술 점수까지 추가된 셈이다. 그러나 유리에 대한 사전 지식이 없거나 엄청난 규모의 컬렉션을 기대하고 몸페슨을 찾아간다면 적잖이 실망할 수도 있다. 그래도 영국에서 가장 높은 첨탑을 자랑하는 13세기 영국 고딕 양식의 최고봉 솔즈베리 대성당이 엎어지면 코 닿을 데 있으니 솔즈베리 여행은 밑져야 본전이다.

유리는 지금 우리 주변에 흔하게 널려 있다 보니 그 역사를 알기 전에는 예술성을 제대로 이해하고 감상하기 어렵다. 실제로 유리는 과학적으로 고체라기보다는 액체에 가까운데, 백과사전에 의하면 "고온의 유체 상태에서 결정이 성장할 틈이 없을 정도로 급속히 고체화되어 만들어진 투명 또는 반투명의 단단한 무기물"이라고 정의하고 있다. 쉽게 말해, 아주 뜨거운 상태에서 갑자기 굳어 버린 액체인 것이다. 고체도 액체도 아닌 이 애매한 물질이 자연 발생된 것으로는 용암이 굳어 만들어진 화산암인 흑요석이나, 모래가 번개를 맞아 만들어진 천연 암석인 수정, 곧, 크리스털(rock crystal)이 있다. 옛날 사막을 오가는 대상들은 이 맑게 빛나는 크리스털을 주워서 아름답게 세공하여 왕에게 바치곤 했다.

인공의 힘으로 유리를 처음 만든 것은 기원전 3,000년 무렵 서아시아에서라고 알려져 있다. 그 뒤 기원전 15세기에 고대 메소포타미아와 이집트인들이

구슬을 비롯해 다양한 모양의 유리 그릇을 만들었고, 그리스인들이 시리아, 아시리아 지역을 정복함에 따라 이 기술이 지중해 연안으로 퍼졌다. 그러다 기원전 1세기에 로마제국에서 긴 대롱을 이용하여 풍선처럼 불어서 만드는 제조 기법을 개발했고, 그때부터 비교적 손쉽게 많은 유리를 만들 수 있게 되었다. 이러한 제작 방식은 이천 년이 지난 오늘날까지 크게 변함이 없다.

중세의 유리 공방은 1300년 무렵 이탈리아 베네치아를 중심으로 번창했다. 당시 동서양 무역의 중심지였던 베네치아에서는 중동 지역의 유리가 이곳의 권력자인 도제doge들에게 귀한 선물이었고, 그 덕에 상인들은 시리아와 다마스쿠스에서 수입한 유리로 짭짤한 재미를 보았다. 돈이 되는 사업에 발 빠르게 움직이던 베네치아 정부는 급기야 직접 유리 제조업에 뛰어들기로 했다. 그리하여 화재 위험을 피해 가까운 무라노 섬을 '유리 산업 특구'로 지정했다.

베네치아 유리가 국제적인 명성을 얻게 된 것은, 그 뒤에, 투명한 유리를 개발해 거울과 잔을 만들면서부터였다. 모래(실리카silica)를 주 재료로 하여 만드는 유리는 그 속에 포함된 불순물 때문에 그때까지만 해도 초록색이나 갈색을 띠었다. 베네치아는 크리스털처럼 맑고 투명한 유리를 얻기 위해 부단한 노력을 기울였고, 그리하여 탄생된 유리가 바로 '크리스탈로cristallo'다. 실제로는 불순물이 군데군데 보이지만 매끈하고 투명한 '크리스탈로' 유리는 유럽인들을 매료시키기에 충분했다.

특히 자유자재로 구부리고, 늘이고, 집게로 집고 해서, 뱀처럼 구불구불한 이른바 '뱀 손잡이(serpent stem)'라고 부르는 손잡이가 달린 '크리스탈로' 유리잔은 화려한 개성을 드러내며 유럽 각지로 엄청나게 수출되었다. 유리 산업이 이렇듯 막대한 부를 안겨 주자, 베네치아 정부는 무라노 섬을 이탈하다 발각되는 기술자를 사형에 처할 만큼, 유리 제조 기술에 대한 보안에 촉각을 곤두세웠다. 16세기까지 유럽에서 독점적인 위치를 차지하던 베네치아 유리는, 차츰 장인들이 다른 나라에 뽑혀 가고, 독일, 오스트리아, 네덜란드, 영국 등에서도 베네치아 스타일의 유리잔을 만들 수 있게 되면서 그 독점적인 위상을 잃게 되었다. 그러나 17세기에 유럽 여러 나라에서 만든 그들 유리잔은 '베네치아 방식'을 따랐다는 뜻에서 '파송 드 베니스façon de Venise'라고 불렀으니, 베네치아 유리의 명성은 어떤 식으로든 지켜진 셈이다.

일명 '파송 드 베니스'라고 부르는 베네치아 스타일의 유리잔. 뱀처럼 구불거리는 화려한 손잡이가 특징인 이 유리잔들은 베네치아의 유리를 모방하여 네덜란드 등지에서 17세기 초반에 제작되었다.

영국에서도 네덜란드 안트베르펜에서 건너온 이탈리아 장인들이 파송 드 베니스를 제작하고 있었으나, 가마의 땔감인 나무 사용이 법으로 금지됨에 따라 석탄으로 대체해야만 했고, 그 때문에 '크리스탈로' 제작에 부적합환 환경은 영국 유리 산업 발전의 걸림돌이 되었다.

그러다 유리 제조업자인 조지 레이븐즈크로프트George Ravenscroft가 1673년 유리에 일산화납을 첨가하여 단단하고 무거운 유리를 만드는 데 성공했다. '크리스탈로'에 비해 투명도와 강도가 높은 납유리(lead glass)가 탄생한 것이

몸페슨 하우스가 소장한 18세기 초기의 유리잔. 손잡이의 모양에 따라 기둥(발레스터) 잔, 또는 '공기 꼬임' 잔으로 나뉜다.

다. 그리하여, 소다 유리인 베네치아 유리가 너무 얇아서 운반 과정에서 걸 핏하면 깨지는 단점을 훌륭히 보완한 납유리로 실용성을 앞세우며 영국은 베네치아 유리의 명성에 과감히 도전장을 냈다. 그런데 초창기의 납유리에서 이상한 결함이 발견되었다. 가만히 두기만 해도 돌연 유리 표면이 뿌옇게 변하면서 끈적끈적해지고 잔금이 거미줄처럼 퍼지더니 급기야 폭삭 내려앉는 '크리즐링crizzling' 현상이 나타난 것이다. 하지만 이 문제는 플린트 대신 깨끗하게 씻은 모래를 사용함으로써 해결되었다. 이로써 베네치아 유리의 명성을 기술적으로 뛰어넘는, 새로운 납유리의 시대가 열렸다. 납유리는 잔

몸페슨 하우스에 전시된 18세기 '색 꼬임' 유리잔과 '순면 꼬임' 유리잔들. 특히 노랑색 색꼬임 잔은 최상품으로 치는 보기 드문 유리잔이다.

을 부딪칠 때 나는 청아한 울림으로 와인을 마실 때 시각, 후각, 촉각, 미각 뿐만 아니라 청각까지 불러일으며 오감을 모두 충족시킨다.

사용하기 버거울 만큼 복잡하고 화려한 파송 드 베니스 유리잔의 손잡이와 달리, 영국의 납유리 잔은 1700년 무렵에는 단순하고 두꺼운 기둥 모양의 손잡이가 유행하다가 차츰 이른바 '공기 꼬임(air twist)'이라 불리는 가벼운 잔으로 발전해 갔다. 이것이 개발된 것은 유리의 무게에 따라 부과하는 세금 때문이라는 견해도 있지만, 18세기 중반의 가볍고 우아한 로코코 양식의 유행도 한몫을 했을 것이다.

'공기 꼬임'은 손잡이 안에 말 그대로 공기를 넣고 휘리릭 돌려 나선형으로 모양을 낸 것인데, 언뜻 보면 반짝이는 빛이 수은 같아서 '수은 받침'이라고도 불렀다. 피겨 스케이팅의 트리플악셀처럼 빙글빙글 가볍게 차오르는 모양새다. 이 공기 꼬임의 전성기는 대략 1745년부터 1760년대까지로, 로코코의 유행과 같은 시기였다. 이 나선형 받침이 불투명하면 '불투명 꼬임(opa-que twist)'이라고 하는데, 불투명 꼬임에는 흰색 꼬임이 있어서 '망사 꼬임(lace twist)' 또는 '순면 꼬임(cotton twist)'이라고도 불렀다. 여자들 망사 스타킹만큼이나 꼬임의 수나 무늬가 다양해, 한 겹, 두 겹 꼬임에서부터 많게는 스물네 겹까지 있었다.

그 중에서 속에 색깔이 있는 '색 꼬임(color twist)'은 귀하디 귀하게 여겼다.

주로 파란색, 붉은색, 초록색, 노란색 등이었는데, 특히 카나리아 새의 색깔을 이르는 '카나리 옐로우Canary yellow'는 보기 드물어서 최상품으로 쳤다.

몸페슨 하우스의 식당에서는 공기 꼬임, 불투명 꼬임, 색 꼬임 유리잔까지 한자리에서 모두 볼 수 있다. 이 형형색색의 아름다운 잔들은 치펀데일 마호가니 장식장 안에 합창단의 소프라노, 알토, 베이스처럼 층을 달리해 늘어서서 소리 없는 합창을 선사한다. 중국식 문창살이 그리는 율동적인 선 너머로 가지런히 늘어서 있는 가녀린 유리잔들이 울리는 맑고 고운 시각적인 하모니가 참으로 아름답고 감탄스럽다.

치펀데일 스타일의 마호가니 장식장 안에 진열된 18세기 잔들.

장식장 맨 앞에 있는, 흰 장미가 새겨진 '자코바이트' 공기 꼬임 와인 잔.

이 유리잔들은 와인이나 에일, 포트, 셰리를 마시기 위한 것인데 당시에는 식수가 오늘날처럼 안전하지 못했기 때문에 어린 아이들도 물 대신 알코올 도수가 약한 술을 마셨다. 따라서 다양한 크기의 잔들이 사용되었는데, 크기가 큰 것은 물 또는 알코올 음료를 위한 것이고 종 모양처럼 크기가 작은 것은 도수가 상대적으로 높은 에일이나 포트용 잔이다. 더러 유리잔에 밀과 보리 같은 문양을 새겨서 그 용도를 드러내기도 했다.

유리잔 가운데 장미 문양이 들어간 것도 있는데 이것을 '자코바이트 Jacobite' 유리라고 부른다. '자코바이트'란 '제임스 2세의 손자 찰스 에드워드 스튜어트에게 영국과 스코틀랜드 연합왕국의 왕위를 계승시켜야 한다'고 요구하던 지지자를 가리키던 말인데, 그들은 한때 반란을 일으키기도 했으나 실패했다. 아무튼 '보니 프린스 찰리Bonni Prince Charlie'라는 애칭으로 더 잘 알려진 왕자, 찰스 에드워드Charles Edward Stuart의 상징이 흰 장미였던 까닭에, 자코바이트들은 장미 문양을 새긴 잔으로써 자신들의 정치적 성향을 나타냈다.

왼쪽부터
다겹 공기 선과 단겹 불투명 나선이 결합된 복합 꼬임(1765-70년),
다겹 와인 병따개 꼬임이 있는 흰색과 노랑 색 꼬임(약 1770년),
공기 꼬임과 흰색 불투명 선 그리고 파랑 나선이 결합된 복합 색 꼬임(1765-70년 무렵).

왼쪽부터
다겹 공기 꼬임(약 1750년),
단겹 불투명 꼬임(1760년),
두겹 불투명과 다겹 와인병따개 꼬임(1765년).

폼페슨 하우스의 큰 거실 진경.

몸페슨 하우스는 여러 주인이 거쳐 갔다. 그 가운데 한 사람 바바라 타운센드Babara Townsend 여사는 독신으로 1843년부터 1939년 아흔여섯 살로 타계할 때까지 구십삼 년 동안 이 집에서 살았다. 식당 맞은편 작은 거실에는 아마추어 화가인 그의 수채화 수십 점이 전시되어 있다. 그림들은 그가 거의 한 세기를 호흡한 솔즈베리의 공기와 햇살까지 투명하게 담고 있는 것 같다.

바바라와 그 자매들이 일기장에 적은 대로, 달빛 그윽한 밤, 2층 침실 창가에 기대어 서서 보았을 성당의 높다란 첨탑이 드리우는 자태가 또 얼마나 그윽하고 신비로웠을까, 상상만으로도 매력적이다. 이 밖에도 아름다운 회벽

바바라 타운센드 여사의 수채화 작품들. 여사는 몸페슨 하우스에서 무려 구십삼 년 동안 살았다.

장식과 정교하게 조각된 참나무 계단도 이 집을 예사롭지 않게 만든다. 이 집이 전체적으로 품고 있는 미학은 파송 드 베니스보다는 확실히 공기 꼬임 납유리 잔과 닮았다. 요란하지 않거니와, 어쩐지 수줍은 듯한 우아함이 느껴지는 것이 그렇다.

2층을 둘러보고 내려와 몸페슨 '유리 합창단'의 맑고 고운 선율을 다시 한 번 감상하고 나서 정원으로 나오니, 운 좋게도 다섯 명으로 구성된 피리 합주단의 연주가 기다리고 있다. 가늘고 청아한 소리는 바람을 타고 커다란 나선을 그리며 정원에 울려 퍼졌다. 경쾌한 다섯 겹의 '피리 트위스트'로….

몸페슨 하우스의 현관에서 본 아치와 계단.

몸페슨 하우스에서 열린 작은 피리 연주회.

오스털리 하우스

로버트 애덤, 신고전주의 디자인의 절정을 보여 주다

Osterley House

주소 Jersey Road, Isleworth TW7 4RB
전화 020 8232 5050
개관 2월 23일-3월 27일 12:00-15:30(동절기 단축 개관)
　　3월 30일-10월 27일 12:00-16:30 (월,화 휴관)
입장료 집과 정원 어른 9파운드, 어린이 4.50파운드, 가족 22.50파운드

오스털리 하우스는 런던 시내 중심지에서 서쪽으로 8마일쯤 떨어진 곳에 있는 저택이다. 1570년대에 지은 튜더 양식*의 벽돌집이었는데, 18세기 중반에 차일드 가문이 사 들이면서 크게 손보아 오늘날의 모습을 갖추게 되었다. 영국의 저택을 돌아보면서 늘 느끼는 것은, 우리 같으면 모조리 헐어 버리고 새로이 멋지게 지을 법도 한데, 영국 사람들은 강박관념에 가까울 만큼 기존의 것을 최대한 보존하려고 애쓴다는 점이다. 마치 보존 본능의 유전인자를 타고난 듯 원형을 존중하고, 꼭 필요한 경우에는 최소한으로 고치거나 덧댄다. 옛것을 너무 쉽게 헐어 버리며 무조건 새것만 좋아라하는 우리의 태도를 뼈아프게 돌아보게 된다. 그러고 보니, 지금 내가 몸담고 있는 옛 현악기 분야도 보존을 무엇보다 강조한다. 골동품에서 '골동骨董'의 한자를 새삼 들여다보니 '뼈 골, 깊이 간직할 동'이다. 뼈대를 잘 지키고, 오래도록 잘 간직하는 일의 소중함이 사무친다.

이 낡은 벽돌집에 고전적인 분위기의 옷을 입힌 사람은 18세기 저명한 건축가이자 실내장식가인 로버트 애덤Robert Adam이다. 고대 로마의 고전 양식을 그가 자신의 시각으로 재해석하여 선보인, 이른바 '신고전주의'는 그의 이름을 따서 '애덤 양식'이라고도 한다. 한 사람의 이름으로 어떤 양식을 일컫는다는 것은 그만큼 널리 알려져 있고 탁월하다는 의미일 터, 오스털리 하

---

* 튜더 양식은 헨리 7세에서 엘리자베스 1세에 이르는 튜더 왕가 시대(1485-1603)에 성행한 건축과 장식미술로, 수직적 구조를 중시한 고딕 양식에다 르네상스 건축의 장식성을 더한 후기 고딕 양식을 띤다. 일반적으로 회반죽과 벽돌로 만들어진 벽에 목조가 노출된 목조 건축을 튜더 양식이라고 부른다.

우스를 둘러보고 나니 과연 그럴 만한 이유가 뚜렷해졌다.

차일드 가문 사람들이 손님맞이용 식당(The Eating Room)으로 사용했던 공간에 들어서자, 민트색과 핑크색 바탕의 벽과 천장, 그리고 거기에 하얗게 도드라진 치장 벽토 장식이 눈에 들어왔다. 천장에는 술병과 술의 신 바쿠스와 관련된 문양과 포도 덩굴이, 벽의 패널에는 그로테스크 문양이 표현되어 있는데, 그 모습이 마치 제빵사가 케이크 위에 공들여 생크림을 짜 얹어 모양을 낸 듯했다. 로버트 애덤을 비판하던 이들이 왜 그의 실내장식을 두고 '웨딩 케이크 장식'이라고 비아냥거렸는지 알 것 같다.

손님맞이 식당의 천장.
아이비, 포도 덩굴,
물병 따위의 모티브가
술의 신 바쿠스와
환대를 상징한다.

손님용 식당 전경. 그로테스크 문양의 회벽 장식이 마치 웨딩 케이크에 있는 설탕 장식같이 사랑스럽다.

오른쪽 벽판 아래쪽에는 긴 직사각형의 탁자를 중심으로 양옆에 화병을 얹은 흰색 낮은 기둥이 놓여 있다. 자세히 보면 화병에는 수도꼭지가 달려 있는데 이것은 찬물이나 뜨거운 물을 쓰기 위한 것이다.

기둥에는 작은 문이 달려 있어 그 속에 요강을 수납했다. 손님들은 식사 도중에도 요강을 꺼내 병풍 뒤에서 볼일을 볼 수 있었다. 복잡하고 까다로울 뿐만 아니라 '우아한 예절'을 몹시도 따지는 서양의 식사 예법이거늘 요강이 웬 말인가 싶어, 저으기 비위가 상한다. 하긴 밥상머리에서 가래를 뱉는 것은 안 되지만, 코를 팽 하고 푸는 것은 아무렇지도 않은 서양 예절이니, 우

사이드 테이블 양쪽에 놓인 두손잡이 화병. 수도꼭지가 달려 있어 찬물과 뜨거운 물을 사용할 수 있었다.

리의 잣대만 들이댈 수는 없는 노릇이다. 문화란 그 사회의 구성원들이 그것을 어떻게 받아들이느냐에 따라 결정되는 것일 테니 말이다.

화병 기둥 옆에는 마호가니 의자가 놓여 있는데 모두 12벌로 제작되었다. 사용하지 않을 때에는 늘 벽 쪽에 붙여 둔다. 의자의 등받이에는 음악의 신 아폴로가 즐겨 연주했다는 손 하프 모양이 조각되어 있는데, 음식과 술이 한데 어우러지는 연회장으로서는 제격에 어울린다.

이곳에서의 만찬은 돼지고기, 사슴 고기, 비둘기 고기 따위의 육류가 주요리로 나왔다. 요즘에는 다이어트니 웰빙이니 하면서 신선한 샐러드나 채소 위주의 식단이 각광을 받지만, 18세기 영국에서는 채소는 서민 음식으로 쳐서 귀족의 식탁에는 으레 고기 요리가 올랐다. 야채라고 해 봐야 기껏 푹 삶은 것을 주요리에 살짝 곁들여 먹는 정도였다. 따라서 채소보다는 고기 요리법이 훨씬 더 다양했고 이에 필요한 향신료는 우리의 된장, 간장만큼이나 없어서는 안 될 중요한 양념이었다. 카레를 비롯해 육두구, 정향, 후추와 같은 것들이 대표적인 향신료. 이 향신료는 동인도회사를 통해서 인도 등지에서 유럽으로 수입되었다. 차일드 가문이 이 회사의 실권을 쥐고 있었으니 이 방 식탁에 올라온 고기는 아마도 최상품 향신료로 요리되었으리라 짐작된다.

동인도 회사가 수입한 물품으로는 향신료 말고도 차, 커피, 면, 실크, 도자기와 같은 당시의 '호사품'으로 영국 동인도 회사는 1600년에 설립된 이래 네덜란드 동인도 회사와 치열한 경쟁을 벌였고, 이백오십 년 동안이나 영국 무역을 이끌었다. 오스털리 하우스는 그러한 무역을 발판으로 축적한 부의 집약체라고 할 수 있다. 따라서 이 집의 큰 방에는 동양에서 건너온 희귀한 물품이 즐비하다. 그 가운데 코끼리 상아로 조각한, 불사조 머리를 한 18세

정크 무역선.

기 중반의 정크 무역선이 눈에 띈다. 불사조는 황후를 상징하고, 그와 한쌍을 이루고 있는, 용 머리의 배는 황제를 상징한다.

식사가 끝나면 여자들은 옆방으로 옮겨서 차와 커피를 마시면서 이야기를 나누고, 남자들은 자리에 그대로 남아 술을 마시고 담배를 피우면서 정치나 사업 따위의 일을 논했다.

오스털리 하우스의 여자들이 물러간 드로잉 룸drawing room(물러간다는 'withdraw'에서 '거실'을 뜻하는 'drawing room'이 파생되었다)은 예상대로 화려

오스털리 하우스의 드로잉 룸(거실) 전경. 애덤은 1765-1766년에 이 방을 맡아 작업하였다.

드로잉 룸 천장의 돋을새김 장식. 이것은 로버트 애덤이 고대 시리아의 도시 팔미라의 유적지에서 영감을 얻은 태양 무늬를 바탕으로 만들었다.

천장 무늬와 모양을 맞춘 카페트. '전체 맞춤 실내장식'이 바로 이런 것이다.

매우 섬세한 금속 덩굴 장식이 손잡이를 감싸고 있다. 이처럼 문 손잡이 하나에도 세심하게 신경을 썼다.

하다. 널따란 천장의 돋을새김 장식은 남성적인 분위기가 물씬 풍긴다. 천장의 한가운데에는 이글거리는 태양 무늬를 타원형으로 넣었고, 그 바깥쪽에는 팔각형의 틀에 장미꽃(흔히 '로제트rosette'라고 함)이 큼직하게 채워진 문양이 연속무늬를 그리고 있다. 깃털 같은 둥지 안에서 활활 타오르는 태양 무늬는 로버트 애덤이 고대 시리아의 도시 팔미라의 유적을 담은 판화에서 영감을 얻은 것이다.

천장에서 타오르는 태양은 여기에서 멈추지 않고, 마치 바닥의 카펫에 그림

반달형 서랍장. 그저 순수하게 장식용도였으니 조각품과 다를 바가 없다. 그리핀, 화병, 고전적인 메달 모티브 등 그로테스크를 애덤 자신의 방식으로 변형함으로써 '애덤 양식'의 특징을 잘 보여 준다.

자를 드리우듯이 되풀이되고 있는데, 이것이 바로 머리에서 발끝까지 전체를 맞추는 애덤 식의 '전체 맞춤 디자인(total design)'이다.

거실(드로잉 룸)에서 가장 눈에 띄는 가구는 벽면에 놓인 반달형 서랍장이다. '코모드commode'라고 부르는 이것은 프랑스어로 '편리한'이라는 뜻을 지녔는데, 보통은 서랍이 달려 있어 수납하기 좋고, 위에는 화장품과 거울을 놓고 화장대로도 쓸 수 있을 뿐만 아니라 장식성도 뛰어나서 여자들이 즐겨 쓰는 편리한 가구를 가리킨다. 그런데 여기에 놓인 애덤의 서랍장은 쓰임새는 없고 오직 장식을 위한 것일 뿐이다.

옆방으로 들어서면 마치 프랑스의 궁전 안으로 발을 들인 것 같은 착각이 든다. 중세 시대 이래로 벽걸이나 가리개 따위의 실내장식품으로 애용되어 온, 여러 가지 색실로 그림을 짜 넣은 그림을 짜 넣은 태피스트리가 사람을 맞는다. 방은 온통 핑크색 태피스트리로 도배되어 있다. 이 벽걸이 천은 1772년에 프랑스의 고블랭 공방에 특별히 주문해서 무려 사 년을 기다려 받은 것이라는데, 둥근 메달 문양을 늘어뜨린 디자인으로 '메달리온 태피스트리'라고 부른다. 여기에는 당시 프랑스 최고의 화가이던 프랑수아 부쉐François Bucher가 디자인한 불, 흙, 공기, 물의 4원소를 상징하는 인물이 묘사되어 있다. 그 아래에는 같은 천으로 싼 소파와 의자가 식당에서처럼 벽쪽에 나란히 놓여 있다.

부쉐는 루이 15세의 애첩으로 유명한 퐁파두르 부인이 가장 총애하던 화가다. 그는 퐁파두르 부인을 위해 1751년부터 사 년 동안 이 메달리온 태피스트리를 디자인했다고 한다. 따라서 프랑스 왕실이 아니면 볼 수 없을 뻔하던 것을, 퐁파두르 부인이 죽은 뒤에 특별히 판매 허가를 받아 이곳 오스털리 하우스에 걸릴 수 있게 되었다. 퐁파두르 부인은 특히 핑크색을 좋아했다. 핑크로 물든 이 화려한 방에 초대되는 영광을 누린 여인들은 아마도 잠시나마 왕실에 있는 듯한 분위기를 즐기지 않았을까 싶다. 애덤은 이 메달리온 태피스트리의 화려한 디자인에 맞춰, 의자 씌우개, 카페트, 촛대 받침 등 이 방의 다른 가구들을 제작함으로써, 이 거실에 왕실의 화려함이라는 통일된 이미지를 부여했다.

거실 옆방에 들어서면, 오스털리 하우스에서 가장 장엄한 분위기를 풍기는 커다란 침대가 놓여 있다. 로버트 차일드 경을 위해 만든 이 침대는 높이 4.45미터, 너비 2.28미터에 이르는 초대형이어서 웬만한 방에는 들일 수가 없다. 여덟 개의 기둥이 받치고 있는 돔 형태의 덮개, 그 아래로 늘어뜨린 풍부한 주름의 휘장과 수술 장식이 화려한 극장의 무대를 연상시킨다. 침대 기둥에는 애덤이 즐겨 쓰던 종꽃 문양이 섬세하게 그려져 있다. 그런데 차일드 부부는 이 웅장한 침대보다는 2층 방에 있는 소박한 침대를 즐겨 사용했다고 한다. 결국 이 웅장한 침대는 귀한 손님을 대접하는 의전용 침대로 쓰였던 듯하다.

1776년 애덤이 디자인한 의전용 침대. 8개의 기둥과 돔 지붕, 웅장한 주름 장식의 휘장이 극장의 무대를 연상시킨다.

아마도 이 침대는 상상을 초월하는 제작비가 들었을 것이다. 차일드 경은 이 침대 제작비 청구서를 받고서 값을 조용히 치른 뒤 영수증을 찢어 버렸다고 한다.

이 의전용 침대가 있는 방의 천장도 섬세한 돋을새김 장식으로 꾸며졌다. 장식 가운데 타원 속 그림은 화가 안젤리카 카우프만Angelica Kauffman의 그림에서 영감을 얻은 것으로, 사랑의 포로가 된, 미의 여신 아글라이아가 묘사되어 있다. 사랑과 낭만, 다산과 같이 침실에 어울리는 주제다. 찬찬히 들여다보아야 보이는 은근한 멋이 자극적인 오늘날의 감성과는 다른 점이다.

의전용 침대가 있는 방의 천장 장식.

웅장한 침대가 있는 방이 조명이 어두웠던 탓일까, 다음 방에 들어서니 나도 모르게 숨이 탁 트이는 느낌이다. 우선 창문에서 빛이 가득 들어오니 마치 야외의 등나무 정자에라도 앉은 느낌이다. 그러나 무엇보다 밝고 화사한 실내장식이 마음을 가볍게 해 주어서가 아닐까 싶다.

그로테스크 벽화가 결코 '그로테스크'하거나 무시무시하지 않고 이렇게 차분하고 아련할 수도 있음을! 아마도 로마 황제 네로의 별장인 황금 저택(도무스 오레아)의 강렬한 색과는 달리, 애덤이 선택한 서늘한 색감 덕분인 듯하

에트루리아 방 전경. 애덤의 디자인 가운데 가장 앞선 디자인이라고 평가받는 곳이다. 도안을 그린 종이를 벽과 천장에 오려 붙여 만든 벽화는 이탈리아의 에트루리아에서 발굴된 벽화에서 영감을 얻은 것이다.

종꽃 문양   화병 문양

다. 이 방은 '에트루리아 방'(the Etruscan Dressing Room)이라고 부른다. 에트루리아는 고대 이탈리아 중서부에 있던 나라다. 로마의 유적들이 발굴되고, 애덤이 그 유행에 동참하고 있을 때, 웨지우드 사에서도 '에트루리아 양식'의 화병들을 만들어 인기몰이를 한 바가 있다. 에트루리아에서 발굴된 벽화에서 영감을 얻은 이 방의 디자인은 당시 고전주의 유행에 비추어 시대에 상당히 앞선 편이다. 에트루리아 방의 문에는 조각된 화병, 늘어뜨린 천, 그리고 인동꽃(안티미온) 문양 따위가 곳곳에 숨어 있다. 애덤은 이처럼 눈에 잘 띄지 않는 구석구석까지도 빼놓지 않고 신경을 썼다

복도를 거쳐 현관 홀로 나오니 서늘한 기운이 느껴진다. 홀의 빛깔도 그러하거니와 실제로도 기온이 낮은 듯했다. 직사각형의 홀은 양쪽으로 반구형의 벽감이 움푹 패여 있는데, 이 때문에 낮은 천장이 시각적으로 보완되는 듯하다. 벽에 있는, 창, 갑옷, 방패 따위의 투구를 모아 놓은 '트로피' 문양의 거대한 석고 장식과 군데군데 놓인 화병과 석상이 에드거 앨런 포의 표현대로 "그리스의 영광과 로마의 웅장함"을 그대로 전해 준다.

로버트 애덤은 때로는 지나칠 만큼 예쁘게, 때로는 서늘할 만큼 장엄하게 표현하며 고전 양식을 자유자재로 주무를 줄 아는 탁월한 디자이너였음을, 오

코린트 양식의 기둥이 장식된 계단. 세 개의 유리 등 속에는 기름 등잔이 들어 있다.

수가 놓인 인도산 비단으로 휘장을 두른 네 기둥 침대. 로버트 차일드의 동생 프란시스를 위해 만든 침대인데, 그는 결혼 직전에 죽었다. 그 뒤 차일드 경은 아래층의 거대한 의전용 침대 대신에 이 침대를 사용했다.

스털리 하우스는 충분히 보여 주고 있었다. 한 사람의 작품 세계를, 나아가서는 한 사람의 인생을 어느 한 부분만 놓고 판단하는 것은 온전한 방법이 아니듯이, 건축가로서 또 디자이너로서의 애덤의 작품 세계도 좀더 총체적으로 평가해야 하지 않을까 싶다.

1767년 아담이 디자인한 현관 홀. 차분한 회색 바탕에 하얀 회벽 장식이 빚어 내는 서늘한 분위기가 돋보인다. 양쪽의 반원형 벽감이 낮은 천장의 답답함을 보완하고 있다. 벽 장식은 트로피 문양의 진수를 보여 준다.

레드 하우스

윌리엄 모리스의
예술은 길고,
인생은 짧다

Red House

주소 Red House Lane, Bexleyheath DA6 8JF
전화 020 8304 9878
개관 3월 2일-10월 30일 11:00-17:00(월,화 휴관)
　　(동절기 단축 개관)
입장료 집과 정원 어른 7.20파운드, 어린이 3.60파운드, 가족 18파운드

젊은 청년 윌리엄 모리스는 아내 제이니(제인의 애칭)와 함께 그들의 신혼 보금자리에서 오래오래 살고 싶어했다. 하지만 부부는 그가 지은 '꿈의 집'에서 겨우 오 년밖에 살지 못했다. 런던을 벗어난 켄트 지역에 집을 짓고 보니 날마다 출퇴근하기에는 거리가 너무 멀었다. 집에서 런던 시내 사무실까지 마차를 타고 가는 데 두 시간이 걸려, 결국 날마다 왕복 네 시간을 길에서 허비해야 했기 때문이다.

윌리엄 모리스는 부유한 가문 출신에 옥스퍼드 대학 출신의 학벌과 꽤나 준수한 외모까지 갖춘 일등 신랑감이었다. 그런 아들에게 부모님이 여러 모로 대단한 혼사에 대한 기대를 거는 것은 자연스럽다. 그런데 모리스가 빨간 머리의 말라깽이에다 볼 것 없는 집안 출신인 제인 버든과 결혼을 하겠노라 했으니, 모리스의 어머니는 당연히 반대를 했다. 그러나 모리스는 끝내 자기의 뜻을 꺾지 않고 결혼식을 올렸고, 그의 결혼식에 일가친척은 아무도 참석하지 않았다.

윌리엄 모리스는 집안의 반대를 무릅쓰고 결혼을 감행할 만큼 제인을 사랑했다. 모리스가 그린 제인의 초상화 뒤에 이렇게 적혀 있다.

"나는 당신을 잘 그릴 수는 없소만 당신을 사랑하오."

레드 하우스는 모리스가 건축가 친구인 필립 웹Phillip Web에게 의뢰하여 1860년에 켄트 지역의 벡슬리히스에 지은 집이다. 학창 시절, 모리스와 웹은 파리에서 루앙까지 함께 여행하면서 중세 건물의 아름다움에 빠졌고, 둘은 언젠가 같이 공감할 수 있는 집을 짓기로 했다.

그리하여 이 집은 중세풍을 바탕으로 하고, 모리스의 낭만적인 이상주의와 웹의 철저한 실용주의를 틀로 삼아 지은 집이다. 겉모습만 보더라도 이 집은 복잡한 장식의 불순물을 걸러 낸 고딕의 정수인 양 그저 담백하고 순수하다.

레드 하우스의 서쪽 전경. 단순하지만 윤곽선이 들쑥날쑥해서 결코 지루하지 않고 경쾌하다.

외벽의 붉은 벽돌은 모리스가 근처에서 구해 온 것들인데, 그것을 바라보자니 문득 그의 아내 제인의 붉은 머리카락이 떠오른다. 외벽에 붉은 벽돌을 쓴 것이 어쩌면 붉은 머리카락의 아내에 대한 경의를 표현한 것은 아닐까, 하는 억측을 슬몃 품어 본다.

현관을 들어서자 긴 복도 오른쪽에는 윌리엄 모리스의 대표적 디자인인 식물 무늬 커튼이 드리워져 있다. 그는 자신의 정원에 심은 꽃에서 영감을 얻어 벽지와 천에 무늬를 넣었다고 한다. 정원의 꽃들이 그의 창조의 원천이라

현관문에서 바라본 복도. 오른쪽 벽의 커튼은 모리스가 디자인한 것이다. '크레이'라는 이 패턴의 이름은 동네 강 이름에서 따왔다.

고 하니 창 너머로 보이는 갖가지 꽃에 눈길이 저절로 머문다.

모리스가 실내장식에서 가장 중요하게 여긴 것은 다름 아닌 천이었다. 그는 식물과 동물을 주요 소재로 정하고, 그것을 고딕 양식처럼 2차원적으로 평평하게 정형화시켰다. 또 무늬는 대담하고 풍부하게 그려넣는 동시에 구성에 있어서는 늘 균형감을 유지했다. 이 같은 디자인은 전통적인 염료와 염색 방식을 고집함으로써 더없이 섬세한 색조의 천을 탄생시킬 수 있었다.

모리스가 디자인한 천을 씌운 소파. 대담하고 풍성하면서도 균형감 있는 무늬가 모리스 디자인의 특징을 잘 표현하고 있다.

벽지를 찍어내기 위해 만든 나무 판

뒤에 모리스가 설립한 회사 '모리스와 그의 동료들(Morris & Co.)'에서 만든 벽지, 양탄자, 천은 크게 명성을 얻었고, 칙칙한 색상의 두꺼운 커튼과 어지러운 무늬의 벽지뿐이던 빅토리아 시대의 중산층 가정을 한결 산뜻하게 바꾸는 데 기여했다. 모리스 회사의 제품을 비롯한 미술공예운동(Arts and Crafts) 디자이너들의 제품들은 당시 런던 유행의 최첨단을 보여 주는 리버티 백화점에서 전시되고 판매되었다. 요즘도 그곳에 가면 모리스 디자인의 스카프나 천을 위시해서 미술공예운동 양식의 가구를 볼 수 있다.

복도의 왼쪽 창에는 한눈에도 손으로 직접 그렸음을 알 수 있는 색유리가 끼워져 있다. 닭과 새와 꽃들이 소박하면서도 퍽 유쾌하다. 모리스는 꽃 그림에는 자신이 있어도 인물 묘사를 비롯하여 동물을 그리는 데에는 영 신통치 못했던지, 새는 웹이 그렸다. 건축의 의뢰 단계에서부터 디자인, 자잘한 부분에 이르기까지 건축주와 건축가의 협업이 이보다 더 완벽할 수는 없겠다.

모리스와 웹이 함께 그려 넣은 색 유리창의 그림.

레드 하우스의 정원. 여러 가지 꽃과 어우러진 잡목은 모리스 벽지와 천 디자인의 원천이다.

윌리엄 모리스가 디자인한 데이지 꽃 벽지.

레드 하우스의 현관 홀. 윌리엄 모리스가 그림을 그린 장식장과 참나무 계단이 보인다. 벽에 놓인 의자 겸 장식장은 웹이 만들고 모리스가 그림을 그렸는데 미완성으로 남아 있다.

현관에서 이어지는 복도 맞은편에 놓인 긴 의자 겸 장식장 또한 웹이 만들고 모리스가 가운데 판에 그림을 그리고 칠을 했다. 그림은 아더 왕의 전설 가운데 한 장면을 묘사했는데, 제인과 자신의 절친한 친구인 화가 번 존스 Edward Burne-Jones가 그림에 나오지만 인물화에 약한 탓인지 이것도 마무리 짓지 못한 채 미완성으로 남아 있다.

웹이 만든 기구 가운데에 가장 눈에 띄는 것은 복도에서 바로 이어지는 식당에 놓인 붉은 장식장이다. '드레서dresser'라고 부르는 이 가구는 식탁 언저리에 두고 쓰는, 그릇은 물론 포크나 나이프를 넣는 수납장이다. 또 음식을

웹이 만든 '용의 핏빛 빨강색'을 칠한 장식장은 레드 하우스의 식당에 놓여 있다. 미술공예 운동 양식의 경첩과 손잡이가 동양적인 느낌을 준다. 등이 위에 달려 있다.

식탁으로 가져가기 전에 드레싱 소스를 뿌리기 위한 가구로도 쓰인다. 웹이 만든 이 붉은 장식장은 물감 이름마저 낭만적인 '용의 핏빛 빨강색'으로 칠했는데, 일본의 주칠 목공예품이 연상된다. 장식장에 붙인 손잡이와 경첩 또한 퍽 동양적인데, 얇은 철을 두드려 가느다랗게 만든 경첩과 손잡이가 이 가구의 유일한 장식으로 돋보인다. 경첩처럼 구조에 꼭 필요한 요소를 숨기지 않고 드러내어 이것을 통해 장식 효과를 극대화하려는 것은 퓨진 A.W.N.Pugin과 러스킨John Ruskin*의 철학을 그대로 계승한 것이다. 사람의 눈을 어지럽히는 복잡한 기교와 별도의 장식이 무엇하러 더 필요하겠는가.

붉은 장식장을 가운데 두고 양쪽에는 모리스가 제작한 가구 가운데 가장 대표작으로 손꼽히는 '서식스 의자(Sussex chair)'가 놓여 있다. '앉지 마시오'라는 안내판 대신 솔방울을 얹어 둔 것은 영국 문화재보호협회(내셔널 트러스트)의 재치 넘치는 감각이다. 영국 시골 어디에서든 쉽게 볼 수 있을 듯한 정겨운 시골 풍의 이 의자는 나무 막대기를 이어 뼈대를 삼고, 골풀을 엮어 엉덩이 받침을 만들었다. 손으로 깎고 다듬은 등받이의 단순한 선이 아름다움을 전한다.

모리스의 '서식스 의자'

*퓨진은 19세기 영국의 건축가이자 디자이너, 비평가다. 고딕양식을 부활시켰으며, 빅벤이 있는 국회의사당과 많은 교회 건축을 맡았다.
러스킨은 빅토리아 시대의 대표적인 비평가이자 사회사상가다. 주요 저서로는 「현대 화가」, 「베네치아의 돌」, 「건축의 일곱 개 등잔」 등이 있다. 그는 특히 자연과 예술, 사회와의 연관성을 강조했으며 예술가의 역할은 '자연에 충실함'이라고 역설했다.

필립 웹이 만든 식탁과 서식스 의자가 놓인 레드 하우스의 식당.

주칠을 닮은 장식장과는 대조적으로 검게 흑단색으로 칠을 한 이 의자에서도 동양의 감성이 묻어난다. 일부에서는 이 의자는 화가 포드 매독스 브라운Ford Madox Brown이 서식스의 한 골동품 가게에서 이런 의자를 처음 보고 그 모양을 빌어 온 것이라고도 하는데, 아무튼 모리스 회사 제품 가운데에서 상당히 비중이 컸던 것만은 분명하다.

모리스는 기계의 사용을 철저하게 배제했고, 중세의 장인 정신을 이어받아 손으로 정성껏 깎고 다듬었다. 아름답고 실용적인 디자인이 널리 쓰이길 바랐던 모리스의 희망과는 달리, 모든 과정이 수작업으로 이루어진 그의 제품들은 서민에게는 부담스런 가격이 되고 말았다. 사회 개혁에 대해 열변을 토하면서도 새벽에 하인에게 차 한 잔을 부탁하는 부잣집 도련님이었기에, 현실과 이상 사이에 차이가 있었을 것이다. 아무튼 "나는 아름답거나 유용하지 않은 것은 하나도 곁에 둘 이유가 없다"고 강조한 그의 '아름다움(beautiful)'과 '유용함(useful)'의 원칙은 마음에 새겨 둘 만하다. 집안을 정리하면서 어떤 물건을 버릴까 말까 망설여질 때 그 두 가지를 스스로에게 물어 보리라. 퍽 효과적인 잣대일 것이다.

2층으로 향하는 참나무 계단의 기둥은 마치 동화 속 공주가 갇혀 있는 첨탑 같은데 이 집에서 가장 낭만적인 요소다. 계단 난간에 뚫린 둥근 구멍은 모리스의 어린 두 딸이 들여다볼 수 있도록 만든 것이다. 아이들은 왜 유독 다락방이나 작은 구멍, 틈새 따위를 좋아하는지 모르겠다.

계단 위로 보이는 2층의 천장. 기하학적으로 구멍을 낸 뒤 그 위에 색을 칠해 규칙적인 문양을 쉽게 그릴 수 있도록 했다. 지금 보아도 퍽 현대적인 디자인이다.

계단을 오르면 기하학적인 무늬가 그려진 천장이 보이는데 마치 콩나물 시루 같다. 과연 모리스가 직접 그렸을까 싶을 만큼 퍽 현대적인 것이 얼핏 보면 1930년대의 아르데코* 양식 같다. 높은 천장에 이처럼 규칙적인 무늬를 내기 위해서 미리 구멍을 뚫어서 위치를 표시해 둔 다음 그 위에 칠을 했다고 한다. 사다리에 올라서서 머리를 뒤로 젖힌 채 하나하나 공들여 완성했을 것을 생각하니 이 집에 대한 그의 각별한 애정이 느껴진다.

*아르데코는 '아르 데코라티프(art decorative)'의 약칭으로 1925년 파리에서 개최된 '현대 장식미술-산업미술 국제전'에서 붙인 이름에서 비롯했다. 이국적인 정서를 바탕으로 지그재그, 동심원, 기하학적인 패턴의 반복이 유행한 1920~1930년대의 장식미술이다.

2층 복도에 나 있는 잘려 나간 뾰족 아치. 당시 건축가들은 모리스의 이러한 재치를 이해하지 못했다.

2층에 오르면 천장 말고도 발길을 붙잡는 요소가 하나 더 있다. 마치 먹다 남은 쿠키처럼 일부가 잘린 뾰족 아치가 그것이다. 상식의 파괴가 창조력의 기본이라면 모리스는 기본기가 아주 탄탄하다 하겠다. 그가 건네는 건축적인 농담을 너무 진지하기만 한 당시의 비평가들은 잘 받아들이지 못했다. 이처럼 상식을 깨는 뜻밖의 유쾌함은 성당이나 수도원에서 느끼는 장중함과는 차원이 다른, 가벼운 고딕의 재치가 아니겠는가.

모리스 부부가 침실로 사용하던 방에는 데이지 꽃 문양의 푸른 벽걸이 천이 걸려 있다. 이것은 프랑스의 채색 필사본에서 영감을 얻은 디자인으로, 제인

모리스 부부가 침실로 썼던 방. 데이지 꽃 문양의 푸른 모직 벽걸이는 제인이 직접 수놓은 것이다. 모리스가 제작한 둥근 모양의 의자와 함께 제인이 입던 옷도 전시되어 있다.

이 직접 수놓아 만든 것이다. 이 방의 벽에는 화가 로세티의 부인 리지 시달 Lizzie Siddal이 1861년 여름에 벽화를 그렸는데, 시달이 병환으로 이듬해에 세상을 뜨는 바람에 이 또한 미완성으로 남아 있다. 로세티는 결혼 전부터 제인을 사이에 두고 모리스와 삼각관계에 있었는데, 이 사건을 계기로 제인과 무척 가까워졌고 자연히 모리스 부부 사이는 불화가 커져 갔다. 모리스의 낭만주의가 결국은 부모님의 경험주의에 패배한 것일까.

2층에서 가장 큰 방인 거실에 들어서면 벽에 놓인 커다란 가구가 눈에 들어온다. 책장과 장식장, 긴 의자를 하나로 구성한 복합 기능 가구일 뿐만 아니라, 사다리로 오르내릴 수 있는 닫집이 일종의 다락방 같은 새로운 공간까지 만들어 준다. 한마디로 현대 디자이너들이 더러 선보이는 복합 기능 가구의 수공예식 모델이라 하겠다. 본래 천장에는 모리스가 줄무늬와 잎사귀를 그려 넣었고, 벽에는 번 존스에게 의뢰한 벽화가 미완성인 채로 있었는데, 그나마도 덧칠을 하고 뒤에 벽판으로 가려 버렸다. 지금은 벽판의 일부를 창처럼 열어서 본래 그림을 볼 수 있도록 하였다.

거실에는 또 중세 프랑스의 영주 저택(샤토chateau)에나 있을 법한 거대한 벽

2층의 거실. 책장, 수납장, 긴 의자 등으로 사용하던 다 목적 가구가 사다리를 타고 오르면 다락방과 같은 공간까지 갖추고 있다. 미술공예 운동 가구의 실용성과 재치가 돋보인다.

난로가 큰 다기능 가구 못지않은 존재감을 발휘하고 있다. 붉은 벽돌로 쌓은 벽난로의 맨 꼭대기에는 '아르스 롱가 비타 브레비스ARS LONGA VITA BREVIS'라는 라틴어가 적혀 있다. '예술은 길고 인생은 짧다.' 이 한 줄에 모리스의 열정과 사상이 압축되어 있는 듯하다. 한 줄의 깨달음을 얻은 것 같은 마음으로 밖으로 나왔다.

레드 하우스의 동쪽 정원에는 우물이 하나 있다. 고딕 성당의 첨탑을 연상시키는, 벽돌색 원추형의 지붕이 눈길을 끌고, 몸체는 집과 같이 붉은색 벽돌

레드 하우스의 동쪽 전경. 이 동쪽 정원에 보이는, 고딕 풍의 지붕을 이고 있는 아름다운 우물은 처음부터 순수하게 장식용으로 만든 것이다.

'황소의 눈'이라고 불리는 이 둥근 창에는 모리스가 그림 그린 색유리가 끼워져 있다.

을 쓴 이 아름다운 우물은 애초부터 장식용이었다고 한다. 과연 이 낭만의 성지에 어울리는 트릭이다. 쓰임새는 없지만 다만 아름답기에 존재하는 것!

이 집은 과수원 부지에 지었는데 당시에 있던 사과나무 한 그루가 아직도 남아 있다. 떠나가는 아담과 이브를 지켜보던 선악과처럼.

이 뾰족한 아치 안으로 보이는 '황소의 눈' 창이 고즈넉한 느낌을 자아낸다. 정원의 꽃들과 붉은색 벽돌이 어우러져 마치 중세의 수도원을 연상시킨다.

가까이에서 본 '황소의 눈' 창문.